発達障害のある高校生・大学生のための

上手な体・手指の使い方

神奈川県立保健福祉大学 作業療法士
笹田 哲

はじめに

こんなことはありませんか？

　学校生活や日常生活の中で、周りの友人や家族は当たり前のようにできるのに、自分にはなぜかうまくできないことがあって、悩んでいるということはないでしょうか。

　具体的な例を挙げると、「猫背で、歩き方や走り方がぎこちない」「人や物によくぶつかる」「すぐに疲れて座り込んでしまう」など、姿勢の問題が見られることがあります。学習面では「字が汚く、思うように書けない」「消しゴムを使うと紙を破いてしまう」「不器用で、はさみやカッターをうまく使えない」などが挙げられます。生活場面では「箸を正しく使えない」「食べ方がよくないと人から注意される」「身だしなみを整えられない」「包丁を使えない」「衣類をたためない」「自動販売機にお金を入れられない」「エレベーターやエスカレーターにうまく乗れない」などが挙げられます。

　これらは、体幹の力やバランス保持力、見る力、全身の動きを調整する力、指先を操作する力が十分に養われていないためにおこる問題かもしれません。なんらかの発達の偏り、発達障害があると診断されている人も、そうでない人もいると思いますが、診断や障害の有無にかかわらず、これらの力を養うことは大切なことです。
　また、これらの問題と関連して、「一つのことにこだわり周囲が見えなくなる」「周りの人とコミュニケーションがうまく取れない」という悩みを感じている人もいるかもしれません。体を使いこなす力と、コミュニケーション力は密接に関わっているのです。

　失敗を重ねて自信を失ってしまうと、「自分は何をやってもダメだ」と後ろ向きになり、努力することをあきらめ、ますます孤立感を強めてしまうこともあります。今後の就職活動や社会人生活では、避けて通れないことも出てきます。「つまずき」をできるだけ少なくするように、自分の弱い部分を把握して、それに適した体操やストレッチを行い、体や指先の使い方を身につけることが大切です。また、苦手な動作をいくつかの行程に分けて、スモールステップで取り組むことも有効です。

本書の特長と活用法

　本書は、主に高校生、大学生を対象に書かれていますが、教員、保護者のためのサポートのコツ、学校や家庭で取り組める体操なども紹介しています。教員が、授業や学校生活、部活動等で取り入れたり、保護者との面談で本書の内容を活用していただいたりしてもよいと思います。保護者は、学校での取り組みと並行して、家庭で子どもと体操や動作の改善などに取り組んでほしいと思います。すぐにはできないことが多いですし、どうしてもできないこともあります。そういう場合には、道具を改良したり、環境を調整したりする方法もあります。体・手先のトレーニングと、そうした合理的配慮を組み合わせて、あせらず、じっくり取り組み、応援してあげてください。

　本書は序章と4つの章で構成されています。各章の構成は、「自分の状態・動作の確認」、「必要な力や働き」、「体操」、「具体的な体や指先の操作方法」などからなっています。

「序章」…苦手な動作を改善するための基本として、体と指先の動きのとらえ方について
「第1章　基本動作を改善しよう」…座る、立つ、歩く、バランスを保つ、指先を使う、すばやく見ることについて
「第2章　学習関連動作を改善しよう」…学習に関連する動作に焦点を当て、必要な力を養う体操、書字、文房具や紙類の扱い方、試験のときに必要な動作・操作について
「第3章　日常の生活動作を改善しよう」…食事、身支度、調理、掃除・洗濯・整頓、買い物、公共施設や交通機関の利用に焦点を当てた具体的な方法
「第4章　就活に関連する動作を改善しよう」…スーツ着用や身だしなみ、就活書類の作成、小論文などの書字、面接試験に関わる動作の留意点など

　体操は、どれくらい、何回やればよいのかということは、あまり説明していません。だれもがみな同じ回数で、というマニュアルはないからです。最初は5回から始めて、慣れてきたら10回やってみるというふうに、生徒・学生のレベルをよく見ながら、適切な回数を決めて行ってください。

　　　　　　　　　　　　　　　　　　　　　　　　　　　　　　　　　　　　　笹田 哲

目次

はじめに ……………………………………………………………… 2
序章 「うまくできる体」をめざしてチャレンジしよう！ …… 6

第1章　基本動作を改善しよう　　9

PART1 座る姿勢を見直そう ……………………………… 10
PART2 歩き方を見直そう ………………………………… 16
PART3 バランス感覚を鍛える …………………………… 22
PART4 すばやく指先を動かす …………………………… 26
PART5 すばやく見る ……………………………………… 36

COLUMN❶ 体幹とは？ …………………………………… 40

第2章　学習関連動作を改善しよう　　41

PART1 学習動作の能率を高める ………………………… 42
PART2 定期試験で力を発揮する ………………………… 48
PART3 文房具を上手に使う ……………………………… 52

COLUMN❷ 鉛筆の持ち方 ………………………………… 60

第3章　日常の生活動作を改善しよう　61

PART1	上品に食べる	62
PART2	上手に身支度をする	68
PART3	調理・片付けをする	72
PART4	掃除・洗濯・整頓する	76
PART5	買い物をする	82
PART6	公共施設や交通機関を使う	88

第4章　就活に関連する動作を改善しよう　99

PART1	スーツを着る	100
PART2	就活書類を作成する	112
PART3	就活で文字を書く	118
PART4	面接試験を受ける	124

COLUMN❸　蝶々結びのやり方　132
COLUMN❹　感覚とは？　133

おわりに　134

序章

「うまくできる体」を めざしてチャレンジしよう!

❶ 授業・試験や就職活動では、知識だけでなく、体の動きもとても重要!

　学校生活は、自分1人でやればよいというものではありません。また授業も、ただ受けていればよいのではありません。友だちと共同で行い、集団行動をともにすることが多く、当然、**コミュニケーション能力は必須**になります。

　また就職活動でも、企業の採用担当者のみでなく、学校の就職活動担当教員、ともに活動に励む友人やバックアップしてくれる家族とのコミュニケーションが必要になります。実は、この**コミュニケーション能力をさらに引き出すためには、「体・指先の使い方」も同じくらい重要**であることを忘れてはいけません。

　私はこれまで、学校生活や就職活動でうまくいかない多くの学生さんと関わってきました。授業、試験、そして就職活動の壁にぶつかっている学生さんの中には、うまくいかない原因が、「体・指先の使い方」が苦手なことにあるケースが少なくありません。

　上手な体・指先の使い方が身についてくると、学習への意欲が高まり、"就活へチャレンジしてみよう！"と前向きな気持ちになれます。**学習や就職活動は、「できる体」があってはじめて、うまくいきます**。その事実を知って、自分の体の使い方にもっと関心を持つようにしましょう。

❷「いま、できているから大丈夫」と思っていませんか？

　「家ではやっている・できている」から、「学校生活や就職試験でもできる」とは限りません。例えば、家ではできていても、学校や勤務先では勝手が違います。緊張などで指先に過剰な力が入っていたり、肩の脱力ができなかったりしてすぐ疲れるなど、不効率な体の使い方をしていると、「めんどうくさい」「もういいわ」と感じてしまって気力がなくなり、悪循環に陥ってしまいます。

　また、動きができているからよいとも限りません。「○○はできますか？」と生徒さんに質問しますと、「できます！」と返ってきます。そこで私と実際に体操や運動をしてみると、効率よくできていないことが多々あります。結果的にはできたことになりますが、"やっとできた"という状態で、いっぱいいっぱい、というレベルでした。どのように取り組んで行ったのか、**結果だけではなく、質的な差をきちんと見極めること**が重要です。

　また、今、できていたとしても、今後、学年が進行するにつれて、就職活動時や就労を見据えて、今のやり方でよいのかを見極めなければなりません。結果だけでなく、その**過程（プロセス）を自己分析していく**ことは、後の試験、就職活動を成功させるためのカギとなるのです。

❸ 効率のよい体の使い方を身につけて、試験、就職活動を突破しよう!

　就職してから与えられた仕事をする際には、自分のペースで行うことは少ないはずです。指定された期限内に、迅速に、丁寧に、正確にこなすことが求められてきます。部署やチームなど、組織のペースに合わせながら仕事を行わなければならないのです。

　以前、大学卒業後すぐに企業に勤めたAさんと親御さんから、猫背で、疲れやすく、与えられた仕事を上手にこなせない、と相談を受けたことがあります。Aさんは「できないのは、経験不足が原因だと思います」と自信をなくしていました。
　このように、本人や親御さんから「できないのは、経験不足だから」という発言をよく耳にします。では、どのような経験をすれば（させれば）、そのうち、自然とできるようになるのでしょうか？
　例えば体の使い方を身につけるにしても、「筋トレをして体力をつける」だけでは、決してできるようにはなりません。能力以上のトレーニングをすれば、かえって無理をして失敗してしまい、自信をなくしてしまいます。**レベルアップするためのちょうどよい課題を見つけることが必要**です。それにはまず、「体の使い方の仕組み」を知らなければなりません。**体の使い方の仕組みがわかれば、なぜできないのかが見えてきます。**

　本書では、そのレベルに合ったちょうどよい課題を、具体的に写真で紹介しています。就職してから体づくりをしようと思っても、短期間で身につけることは困難ですし、間に合いません。高校や大学に在学している間に、本書を見ながら1つ1つコツコツと取り組み、「小さな"できた"」を貯金していきましょう。知識を豊富にするだけでなく、体を賢くすることは、自分の可能性をひろげることにもつながるのです。
　さぁ、いまから一緒に、体を賢くしていきましょう！

第 1 章

基本動作を改善しよう

PART 1 座る姿勢を見直そう

私たちは、1日のほとんどの時間を、座って過ごします。姿勢がよくないと疲れやすくなり、勉強の効率も上がりません。宿題や課題をテキパキこなすためには、体に負担のかからない座り姿勢が大切になります。効率のよい座り方を身につけましょう。

姿勢が悪いとどうなる？

- 首や肩がこる
- 圧迫されて、内臓の働きが悪くなる
- やる気がない、だらしがないと思われる
- 視野がせまくなり、コミュニケーションをとりづらい

よい姿勢ってどんな姿勢？

腰を起こす

背すじがピンと伸び、骨盤が前傾しています。椅子の背に背中をつけていません。

必要な力や動き

- **骨盤の前傾**
  姿勢の崩れの原因の1つは、骨盤の後傾です。背中が丸まらないよう、骨盤の前傾を意識します。
- **バランス感覚**
  筋肉を強化しても、姿勢の保持に効果はありません。むしろバランス感覚をやしないましょう。
- **足の支え**
  安定して座り続けるためには、足を床につけて体を支えなければなりません。

第1章 基本動作を改善しよう

座る姿勢を確認してみよう

■ 椅子の背もたれによりかかって座っている
■ 膝を伸ばして、足を前に放り出して座っている
■ 割り座の格好で座っている
■ あごに手をつけて座っている

1 姿勢をチェック

今どのような姿勢で座れているか、写真を参考に確認してみましょう。

腰を起こして座る

椅子に座って、腰が丸まっていないかチェックしましょう。

脚を伸ばして、前に放り出して座っていませんか？

教員・保護者へ サポートのコツ

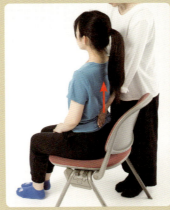

背中の真ん中と胸に手を当ててサンドイッチし、上に持ち上げるようにします。正しい姿勢をうながします。

足をセットする

腰だけでなく、足にも注目しましょう。足の支えが不十分だと、座りも不安定になり、長く座り続けることが難しくなります。

この状態では、体を支えられません

この状態だと、骨盤が後傾してしまいます

足の裏が床についているので、座りが安定します

割り座に注意

割り座をすると背中が丸まりやすくなり、骨盤のゆがみにつながります。正座にするか、足を前に伸ばすなどして、姿勢を変えましょう。

骨盤のゆがみにつながる

背中が丸まる

割り座をすると、骨盤が丸まり、猫背になりやすくなります

第1章 基本動作を改善しよう

浅く座ってみる

椅子に深く腰かけ背もたれによりかかって座っていると、骨盤が後傾し、背中が丸まるので注意が必要です。よりかからず椅子に浅く座り、骨盤を前傾させます。

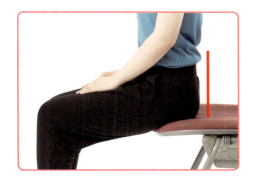

椅子に浅く座り、背骨がまっすぐ伸びた状態になっています

2 姿勢をよくする体操

骨盤を前傾させ、バランス感覚をやしない、足の支えをうながす体操をしてみましょう。自分に合った簡単なものから、少しずつ難しいものへとトライしてみましょう。

背すじと腰を伸ばすあぐら座り体操

手で体を支えないようにするため、腕を組みます。あぐら座りをして股関節をしっかり広げます。

やり方
1. 腕を組む
2. あぐら座りをする
3. 股関節を広げる
4. 猫背を確認

あぐらが苦しい場合は、足を軽く組むだけでも構いません

背中で腕を組んで胸を張ります。背すじと腰がいっそう伸びます

PART 1　座る姿勢を見直そう

壁クッション当て

背筋を伸ばします。柔らかめのクッションを壁につけて、背中で押します。背すじを伸ばす力をやしないます。

やり方

1. 背にクッションを当てる
2. 背中を壁に押しつける
3. ひざを曲げて腰をおとす
4. 10秒間保持する

教員・保護者へ サポートのコツ
最初のうちは、教員・保護者がクッションを押さえてあげてもよいでしょう。

厚手のタオルを巻いて、クッションがわりにしても構いません

だるま体操

腕を組んで、あぐら座りをします。体を左右に傾けながら、崩れないように腰を起こし、バランスをとります。背すじを伸ばす力をやしないます。

1

腕を組み、あぐら座りをします。腰を起こし、背すじを伸ばします。

2

右側に体を傾けます。倒れないように足、お尻で支え、左側に体を戻します。

3

左側に体を傾けていきます。倒れないように、バランスをとります。1〜3を5回行います。

第1章 基本動作を改善しよう

足脚体操

膝から下を足首でこすることによって、背すじがのびてきます。

①内側

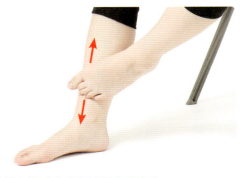

①足の裏でふくらはぎをこする

内側をこすります。内側のくるぶしに土踏まずを当てます。10センチ程度上方に、4回こすりあげたら、元に戻します

②外側

②足の甲でふくらはぎをこする

外側をこすります。足の甲をふくらはぎに当てます。10センチ程度上方に、4回こすりあげたら、元に戻します

③アキレス腱

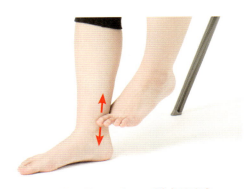

③親指と人差し指でアキレス腱をはさむ

親指と人差し指でアキレス腱のあたりをはさみます。3センチ程度上方に、4回こすりあげたら、元に戻します

PART 2

歩き方を見直そう

歩く姿勢が悪いと疲れやすくなり、勉強や日常生活に支障が出てきます。また、転んだり、人混みでぶつかったりして、けがをしたりトラブルになったりする可能性もあります。体操で上手な歩き方を身につけましょう。

歩き方が悪いとどうなる？

- すぐ疲れる
- 気力が続かない
- 元気がないように見える
- けがをしやすい

よい歩き方ってどんな姿勢？

腰を起こす

腰を前傾し背すじを伸ばします。前に出す足は、かかとから地面に接地し、後ろの足は、最後につま先が地面から離れます。

必要な力や動き

- **体幹を軽くひねる**
  歩くときは足先だけを使うのではなく、腰や体幹を使って歩きます。
- **腕の力を抜く**
  腕は大きく振らず、力を抜いて歩きます。
- **かかとからの着地**
  体幹をひねって足全体を前に出し、かかとからつま先の順番で足を地面につけます。

第1章 基本動作を改善しよう

歩き方を確認してみよう

- 猫背で歩いている
- 歩くと転びやすい
- 人混みの中、ぶつからずに歩けない
- 音を立てずに静かに歩けない

1 姿勢をチェック

今どのような姿勢で立っているか、写真を参考に確認してみましょう。

背筋を伸ばして歩く

歩いてみて、腰、背すじがが丸まっていないかチェックしましょう。

背筋が丸まり、下をみて歩いていませんか？

あごを突き出し、上を見て歩いていませんか？

両腕を足の前につけて歩いていませんか？

内股で歩いていませんか？

> **教員・保護者へ サポートのコツ**
>
>
>
>
>
> 両手は腰にあてます。腰を、ゆっくり丸めていきます。このときしゃがみこまないように気をつけます。次に腰を起こしていきます。背すじも伸ばすようにうながしていきましょう。

17

2 体幹を鍛える体操

疲れないように歩くためには、体幹をひねって歩くことができるように、ある程度筋力を強化する必要があります。

天井体操

この体操は背すじを伸ばす効果がありますが、同時に、手首の反らしと、頭部の伸ばしもうながします。また、不安定な姿勢を支えるため、体幹が鍛えられます。さらに背伸びするので、足首も鍛えられます。

座位

椅子に座っても同様にできます

立位

首をしっかり伸ばして天井を見て、手のひらを天井につけるように背伸びをします

やり方

❶まっすぐ立つ
❷首を伸ばして天井を見る
❸手を真上に伸ばす
❹手のひらを天井に向ける
❺5秒間キープして元に戻る

第1章 基本動作を改善しよう

ひじつけ体操

体幹をひねるためにに、背すじが真っすぐ伸びていなければなりません。

1 立ち姿勢で腕を水平に伸ばし、ひじを曲げ、手を軽く肩につけます

2 左右のひじを体の真ん中でくっつけるように動かします。しっかりつけたら、元に戻します。**1**～**2**を5回程度繰り返します

やり方

❶まっすぐ立つ
▼
❷腕を横に水平に伸ばす
▼
❸ひじを曲げて手を肩につける
▼
❹左右のひじを体の中心でつける
▼
❺元に戻すとき、少し後ろ側へ引く
▼
❻①～⑤を5回繰り返す

引きがポイント！後ろ側に引くと胸が開きます

体ひねり体操

腰から上の体幹だけをひねる動きが身につく体操です。左右均等にひねるように意識しましょう。

1. まっすぐ前を見て、手をひじにあてて立ちます。腕を水平に保持します

2. 腰の位置は変えずに、上半身を右にひねります

3. 同様に、上半身を左にひねります。1〜3を10回程度繰り返します

忍者歩き

つま先から床につけるように、そっと、ゆっくり歩き、バランス感覚をやしないます。スピードが速くならないように気をつけましょう。

手合わせ歩き

手ではなく前を見て歩くことで、歩いても姿勢が崩れないバランス感覚がやしなわれます。

つま先歩きではありません。つま先から順番に、ゆっくりとかかとまでつけます

手のひらを体の真ん中で合わせます。両手を体の中心へ押しながら、まっすぐ歩きます

後ろ手組み歩き

背すじを伸ばし、体幹を使えるようにする体操です。足もとではなく、進む方向を見るのがポイントです。

両手を後ろに組みます。下を見ないように正面を見ながら、背すじを伸ばして胸を広げて歩きます

椅子に座りながらでも、背すじを伸ばす効果が得られます

膝立ち歩き

両方の膝を床につけて、歩きます。自然に腰から上のひねりと腕のふり出しを引き出します。また、バランス感覚をやしないます。

前を見て、ひざを使って前に進みます

> **教員・保護者へ サポートのコツ**
> 正しく歩けない場合は、歩き方や腕のふり方だけを指導するのではなく、ここで紹介した体操から行うとよいでしょう。

PART 3

バランス感覚を鍛える

バランスがうまくとれないと、平坦な場所でも**つまずいたり転倒したりしてしまいます**。より効率よく動ける体にするために、バランス感覚を鍛えて、長く、疲れずに動けるようにしましょう。

バランス感覚を確認してみよう

- 動くとき、体がふらつく
- 平坦なところで転ぶ
- 立っていると、徐々に姿勢が崩れてくる
- 体が硬く見える（腕、首の動きが少ない）

① バランス感覚を高める体操をする

体幹を鍛え、バランス感覚を高めるための体操をいくつか紹介します。

振り子立ち体操

つま先立ち、かかと立ちをゆっくり、交互に繰り返します。体幹を動かしてバランスがとれているか確認し、体幹が弱い場合は、次のページからのトレーニングをして、体幹を鍛えます。

つま先立ちをします

かかと立ちをします

第1章 基本動作を改善しよう

必要な力や動き

● **体幹の強さ**
バランスをとるときにもっとも重要な体の部位は体幹（上半身の胴体部分）です。

● **見る力**
まっすぐ歩くには、目で歩くルートをしっかり認識しなければなりません。

● **バランスを保つ力**
立位や歩行時だけでなく、座りながら作業をするときも、バランスを保つ力が必要です。

片膝立ち

片膝は床につけたまま、ふらつかないように静止します。体幹が使えていると、上体がふらつきません。

片膝を床につけ、もう一方の膝は直角に立て、まっすぐ前を見ます

背中が丸まっていませんか？これは、体幹が使えていない状態です

目線が下になっていませんか？これでは自然に背中が丸まってしまいます

PART 3　バランス感覚を鍛える

線上立ち
線を活用し、この線上にかかととつま先をつけて立ちます。細い線から外れずに立つことで、バランス感覚をやしないます。

線を見る

テープを貼ったり、ひもを置いたりして線を作ります

線上歩行
線を活用し、線上にかかととつま先をつけて歩きます。また屋外の場合は、縁石などの線に沿って歩くのもよいでしょう。

片方のかかとにもう片方のつま先をつけるようにして歩きます。慣れてきたらスピードをあげます

膝曲げ体操
上体を起こしたまま、片方の膝を曲げて踏み込みます。足が前後に開いた状態でもバランスがとれるようにする練習です。

体重をかけるようにして踏み込みます。反対の足でも同様に行います

手つき片足上げ
難易度は高いですが、できる人はやってみましょう。膝をつけずに高ばい姿勢をとります。次に片足を上げて、ケンケンします。

レベルUP

バランスが崩れないように、片足を上げてケンケンします。反対の足でも同様に行います

バランスボール体操

バランスボールの空気を軽く抜くと、安定しやすくなります。ボールの上に座ったり腹ばいになったりして、姿勢を保持します。

バランスボールに腹ばいに乗ります。床に両手をつけて崩れないように姿勢を保ちます

座って両足を床から離して保持します。両腕でバランスをとります

バランスボールに背中をつけて、仰向けに寝ます

仰向けに寝たまま、片足を上げます

バランスボールが高すぎる場合は、足もとに段ボールなどを置いて支えます

すばやく指先を動かす

PART 4

日常生活では、朝起きて服を着るときから、食事をするとき、勉強をするとき、夜に寝るときまで、さまざまな道具を使います。道具は指先を動かして使うことがほとんどです。できる・できないがはっきりしているので、できない場合は、改善をしておきましょう。

指先の動きを確認してみよう

- 消しゴムで上手に消せない
- 小銭などつまむ動作が上手にできない
- ファスナーをしめるのが上手にできない
- ボタン掛けが上手にできない
- 荷物やかばんを持つのが上手にできない
- 箸を上手に使えない

1 握りをうながす

まずは、手全体を使った握りのトレーニングをやってみましょう。

スタンプ押し

スタンプはやや大きめの物を用意します。しっかり握り、紙に押しつけます。握りの力をやしなう体操です。

1

握りの部分をしっかり握ります

2

握ったまましっかり紙に押しつけます

第1章 基本動作を改善しよう

必要な力や動き

- **「握り」と「つまみ」**
  指先の動きには、「握り」と「つまみ」の2つがあることを認識しましょう。
- **手首の動き**
  手首が上手に使えるようになると、すばやく握ったりつまんだりできるようになります。
- **触覚・視覚**
  触覚や視覚などの感覚系も使わないと、上手に指先は使えません。

新聞紙丸め

新聞紙を両手で丸め、できるだけ小さなボールになるように丸めます。丸め終わるまで持続的に「握りの力」が出せているか見ていきましょう。

瞬間的に力をこめるのではなく、ゆっくり持続的に力を入れていきます

指を使わずに、手のひらだけで丸めようとすると、うまくできません

新聞紙を体に対して垂直にし、両手で面をしっかりおさえたり、手を離したりを繰り返す動きも有効です

レベルUP

PART 4　すばやく指先を動かす

ペットボトル振り

ペットボトルに1/3程度水を入れて、片手や両手で振ります。ある程度重いものを繰り返し振ることで、握る力を高めます。

片手で上下
500mℓのペットボトルを使います。ペットボトルを見ながら、片手でキャップを握って上下に振ります

両手で左右
2ℓのペットボトルを使います。キャップと底をそれぞれ両手で握り、左右に振ります

両手で左右（頭上で）
2ℓのペットボトルを使います。キャップと底をそれぞれ両手で握り、頭上で左右に振ります

第1章 基本動作を改善しよう

2 つまみをうながす

いろいろな道具を使って、つまみのトレーニングをやってみましょう。

セロハンテープの活用

新聞紙を丸めてテープでとめ、ボールをつくります。小型のセロハンテープを使えば両手を使うことになるので、つまみの練習効果を高めることになります。

セロハンテープの先をしっかりつまみ、引っぱってテープを切り取ります

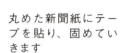

丸めた新聞紙にテープを貼り、固めていきます

片手で新聞紙を握ってテープを貼ると、握りの力も同時にやしなえます

PART 4　すばやく指先を動かす

シールの活用

大きいサイズから小さいサイズまで、様々なサイズのシールを用意します。シールをはがして、紙などに貼りつけていきます。つまみに欠かせない親指の動きをやしないます。

1

指先を使って、シールを台紙からはがします

2

シールを指先でつまんで、紙に貼りつけます

折り紙の活用

色紙などを使って、紙を折ります。ジャバラに折ったり、紙飛行機を折って飛ばすのもよいでしょう。つまみや手首の力をやしないます。

1

2

紙をつまんで持ち上げて折る動作を繰り返し、ジャバラを折ります。折った部分をしっかり押さえます

第1章 基本動作を改善しよう

新聞紙・チラシちぎり

チラシまたは新聞紙を持って、両手でちぎります。指先を使うことで、つまみの力をやしなえます。

新聞紙を両手で握ります

両手を左右で前後互い違いに動かし、新聞紙をちぎります

両手を左右に開くようにしてちぎると、手首の力がやしなわれません

> **教員・保護者へ サポートのコツ**
> 握ったりつまんだりする動きができない場合は、手首が下がっている可能性があります。その場合は、手首を起こすように介助してあげましょう。

PART 4　すばやく指先を動かす

紙引っ張りゲーム

厚紙を、親指と人差し指にはさみ込み、引っ張り合います。サポート役に引っ張られることで負荷がかかり、つまみの力がより強化されます。

両手の親指と人差し指で紙をつまんで、引っ張り合います

片手でも同様に行います

親指と人差し指でつまむのがポイントです

指相撲－ゲームの要素を取り入れる

親指をまっすぐ伸ばし、相手の親指を押さえ込みます。親指の動きをうながし、同時に手首も鍛えられます。ゲーム感覚で友だちとやってみましょう。

2人1組で同じほうの手を握り、相手の親指を押さえ込みます。たとえば10秒間押さえ込めば「勝ち」というルールを決めて楽しみます

第1章 基本動作を改善しよう

カードゲームの活用

カードを落とさないように、手でつまみます。指先の力をやしないます。

カードは指先でつまみます

洗濯バサミの活用

親指と人差し指で、洗濯バサミをつまみます。紙や布をはさんだり、家族の洗濯物の手伝いをしてもよいでしょう。

親指と人差し指で洗濯バサミをつまんで開きます

包み紙の活用

菓子の包み紙などを両手でひねります。両手のつまみをうながします。

包み紙をつまみ、両手を互い違いにひねって、包み紙をねじります

指先の動きを大きく、「握り」「つまみ」に分けて観察すると、指先のどの動きが苦手なのかわかります。ここで「握り」「つまみ」が、どのような動きなのかイメージしやすいように、学校や家庭生活でよく見られる例を紹介します。

握りの例

ペットボトル　　定規　　ボール

包丁　　歯磨き粉　　かばん

傘（持ち運び）　　傘（使用中）　　いす

第1章 基本動作を改善しよう

つまみの例

鍵　　カード　　消しゴム　　小銭、コイン

ティッシュ　　お札　　プリント　　靴ひも

くつ下　　本のページ　　シャツのえり　　ボタン

ファスナー　　蛇口　　スティックのり　　歯ブラシ

PART 5

すばやく見る

しっかり見ることができないと、疲れたり、指先が思うように使えなくなり、操作を失敗してしまいます。また定期試験や就職試験で見間違ってミスにつながることにもなります。すばやく的確に捉える目の動きを高めましょう。

見る動作の確認をしよう

- ■ 相手を見て話をすることが上手にできない
- ■ 相手との距離が上手にとれない
- ■ ノートに書くことや板書が上手にできない
- ■ 教室や街中で人を探せない
- ■ 校内の掲示板、街中の標識を上手に見られない
- ■ 衣類の表裏がわからない

① 見る力をやしなう

よりすばやく見るためのトレーニングをやってみましょう。

指さし

サポート役は、室内の物（壁の時計など）を指で指して見せます。そして、指先の延長にあるものを当てます。

指をさしても、その方向をなかなか見ないときは、すばやく見るようにうながします

指をさしている人の目線から、その物を当てます

第1章　基本動作を改善しよう

必要な力や動き

● **眼球の動き**
すばやく見たり、じっと見続けたりするには、眼球を動かす目の筋肉が必要です。

● **バランス感覚**
頭の位置と方向の情報をキャッチするバランス感覚を働かせなければなりません。

● **遠近感**
対象物を2つの目で見て、遠近感を認識することも重要です。

両手合わせ歩き

両手を体の中心に合わせた姿勢で、2人で向き合って、合掌し、サポート役は、後ろにさがりながら歩いてみましょう。バランス感覚と遠近感をやしないます。友だちとやるのもよいでしょう。

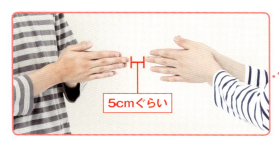

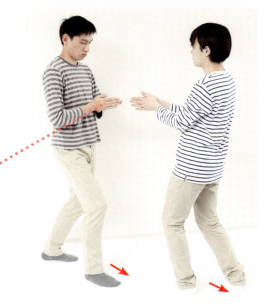

2人の間隔を離さないようにして歩く

> **教員・保護者へ サポートのコツ**
> すばやく見る動きをやしなうためには、全身を動かしながら見るトレーニングが必要です。

手三角

正三角形をいくつかランダムに描いた紙を用意します。両手を合わせて、三角形をつくります。図面に描かれた三角形の線を見て、手を組み合わせて、重ねてみます。斜めの線の理解につながります。

両手で三角形を作ります

紙に描かれた三角形に、手で作った三角形を合わせます

体の中心合わせ

床にテープを貼り、線を作ります。体育館の床の線を使っても構いません。サポーター役に「仰向けになって、この線を体の真ん中に合わせてみよう」と言われたら、手鏡を見て、位置を確認し、ずれていたら修正します。間違わないように、見本をしっかり見せてから行いましょう。距離感を測る練習になります。

線を体の中心に合わせて仰向けになります

手鏡で体の位置を確認し、ずれていたら修正します

線なぞり

ラインに垂直になるように仰向けに寝ます。目でラインを探します。見つけたら、指で線をなぞります。左右両方行います。腹ばい姿勢でも行いましょう。距離感を測る練習になります。

両目で線の位置を確認します

指で線をなぞります

第1章 基本動作を改善しよう

体の中心でボール突き

サポート役はボールを転がします。両手を合わせて、転がってきたボールを自分の体の真ん中で止めます。距離感を測る練習になります。

体の中心からずれたところで突いている場合は、遠近感がうまくつかめていません

ボールが自分の体の中心に来たら、両手で突きます

新聞・チラシの活用

新聞紙またはチラシを用意します。その紙面に、例えば「数字はいくつあるか探しましょう」と言い、ペンで数字に○をつけていきます。友だちと競ってもよいでしょう。

特定の数字や漢字を指定してもよいでしょう

> **教員・保護者へ サポートのコツ**
>
> 立って行うトレーニングから、徐々に座って行うトレーニングに取り組んでいきます。

COLUM 1

体幹とは？

体幹とは、体のどの部分のことを指し、どういった動きをするのでしょうか。本書で多用される用語ですので、ここで確認しておきましょう。

体幹はどこ？

手足、頭をのぞいた部分が「体幹」です。胸やおなか、背中、お尻で構成されます。

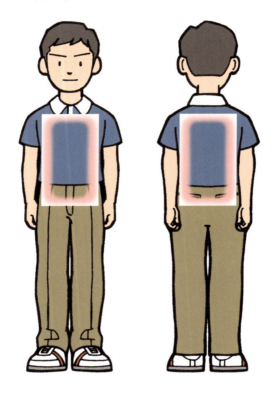

体幹はどんな動きをする？

腕や脚を動かすときに、体幹も以下のような動きをします。

| 伸ばす | ひねる | 支える |

例えば、腕を高くあげる場合、外見上は腕だけが動いているように見えますが、実際は、腕だけではなく体幹も連動して動いているのです。さらに、体幹が安定してバランスがとれていないと、上手に立つこともできません。さまざまな運動に体幹が重要な役割を果たしていることを理解しておきましょう。

第2章

学習関連動作を改善しよう

PART
1
学習動作の能率を高める

授業中は、先生の話を聞きながら、ノートにすばやく書く必要があります。知識を得るだけではなく、課題を要領よくこなすことも求められるので、姿勢をキープして手や指先を上手に使うという体の使い方が基礎になります。

学習中の状態・動作を確認してみよう

- 授業中、姿勢が崩れ疲れやすい
- 字を書いていると指が疲れてくる
- 字を書いていると肩がこる
- ペンの先端部を持って書いている
- 字を書くと濃い、あるいは薄い
- 左利きで、くせ字になっている

① 姿勢を正しく保つ

姿勢を正しくしキープするために、全身のポジションを整える体操やトレーニングを紹介します。

手・腕のストレッチ

手や手首、腕をストレッチして、つまみや握りの力を発揮できるようにします。指が疲れにくくなり、最後まで文字をしっかり書けるようになります。

手首反らし

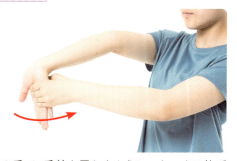

片方の手で、手首を反らすように、ゆっくり伸ばします。

手首曲げ

両手の指を組み合わせ、手首を左右に曲げてほぐします。

第2章 学習関連動作を改善しよう

必要な力や動き

● **体幹の安定**
足を床につけると体幹が安定します。そうすると、指先が効率よく動きます。

● **腰を起こして座る**
腰を丸めて座ると、背すじが丸まり猫背になるので、文字を書きにくくなります。

● **文字やものを見る力**
文字や黒板などのものを見る力が必要になります。

腕回し

1 両手の指を組み合わせ、ひじを伸ばして右側に回します

2 反対側にも回します

指曲げ伸ばし

1 両手の指を組み合わせ、指をしっかり曲げます

2 指をしっかり伸ばします

手組み伸ばし

1 両手の指を組み合わせてひじを伸ばし、手のひらを表に向けます

2 次に、手のひらを天井につけるように背伸びをします

PART 1 ｜ 学習動作の能率を高める

肩回し体操

左右の肩をさまざまな方向に回します。指先から肩のまわりを整えて、指先がスムーズに動くようにします。

前回し

1

ひじを曲げ、指先を肩につけます

2

指先を肩につけたまま、ひじを前に回します

後ろ回し

ひじを後ろに回します。背中側まで大きく回しましょう

クロール

左右で回す方向を変え、交互に回します

第2章 学習関連動作を改善しよう

鉛筆パチパチ体操

親指と人差し指でリングをつくり、開いたり閉じたりの動きをします。次に鉛筆を垂直に空中に保持したまま、親指と人差し指で鉛筆をつまむ、離すの動きをします。鉛筆を正しく持つための、準備体操です。

1 指を大きく開きます

2 親指と人差し指でパチパチと鉛筆をつまみます

親指のでっぱりをチェック

親指の先端部を人差し指につけるようにして、文字を書いていきます。

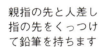
親指の先と人差し指の先をくっつけて鉛筆を持ちます

親指がでっぱった持ち方です。必要以上の力で書く傾向があります

人差し指の指紋部を鉛筆にあてて第一関節が反り返っている持ち方です

手首を過度に曲げている持ち方です。左利きに多く見られます

鉛筆の先を握る持ち方です。親指の関節が極度に曲がっています

教員・保護者へ サポートのコツ

背中が丸まっている場合は、腰が起きる（骨盤が前傾する）ようにセットします。友だちと一緒に確認してもよいでしょう（11ページ参照）。背中の真ん中と胸に手を当ててサンドイッチし、上に持ち上げるようにします。正しい姿勢をうながします。

PART 1　学習動作の能率を高める

輪ゴムストッパー

鉛筆の円すい部の境界に目印をつけます。輪ゴムをつけるのもよいでしょう。こうすると、先端で持つことを防げます。補助具を付けている場合は、補助具が正しい位置よりも下がっていることがあるので、確認しましょう。

鉛筆の円すい部の境界に輪ゴムを巻きつけます

ストッパーのすぐ上を持ちます

濃さを真似する

見本線を書いた紙を用意し、それぞれのとなりに、同じ濃さになるように線を引きます。筆圧をコントロールする練習です。

力加減に注意しながら線をひきます

２　消しゴムを上手に使う

消しゴムを使うときに紙を破ったり、紙を汚したりしないように字を消すためには、紙や消しゴムをしっかり押さえなければなりません。

L字消し

左手の親指をしっかり広げ、L字型にします。その形で紙をしっかり押さえ、右手で握った消しゴムで字を消しましょう。

紙を押さえる左手がアルファベットのLの字になります

第2章 学習関連動作を改善しよう

③ マーカーで上手に線を引く

マーカーは、芯の形状に合わせて使わないと、一定の太さの線を引けません。

面合わせ

マーカーの芯の面の位置を確認し、紙と平行になるように接地させます。その角度のまま、マーカーを引きます。

マーカーを垂直に立てると、芯の面に合わないので、力が安定せず、まっすぐな線を書けません

芯の面と紙の面をぴったり合わせます

教員・保護者へ サポートのコツ

写真のように手首を強く曲げて、巻き込んで鉛筆やマーカーを持っていないか確認します。巻き込んでいたら、教員・保護者は手首を伸ばして、正しい持ち方をうながします。

PART 2

定期試験で力を発揮する

試験では、制限時間内に早く書く、きれいに消しゴムで消したり、先生に読めるようにきれいな字で書くことが求められます。自分のペースで書いていては時間が足りなくなるかもしれません。また、マークシートの塗りつぶし方にも注意が必要です。

定期試験での状態・動作を確認してみよう

- ■ 字を早く書けない
- ■ マークシート試験で、マークを上手に塗りつぶせない
- ■ 解答欄のスペースの中に、字をほどよいバランスで書けない

1 筆記具を正しく持つ

定期試験で制限時間内に解答を書けるように、以下のチェックやトレーニングをしてみよう。

鉛筆の持ち方チェック

鉛筆の「先っぽ持ち」や「親指でっぱり持ち」になっていないか、確認しましょう。持ち方が正しくないと、指が疲れて最後まで解答を書き込めません。

親指が人差し指に
あたっています

親指の指紋部で鉛
筆をおさえられて
いるので、指が疲
れにくくなります

必要な力や動き

- **バランス感覚**
  定期試験では、一定の時間、座り続けなければなりません（座位保持）。
- **両手の操作**
  片手（利き手ではないほう）で固定、片手（利き手）で操作します。
- **スペースと文字の大きさを見る**
  スペースからのはみ出しや、文字の大小のばらつきを防ぐため、バランスを見て調整します。

3本指曲げ伸ばし体操

「先っぽ持ち」や「親指でっぱり持ち」が改善できない場合は、この運動をやってみましょう。指先の無駄な力が抜け、正しい握り方ができるようになります。

1

親指を外側にしてグー握りをします

2

薬指、小指は曲げたままで、親指、人差し指、中指を伸ばします。これを5回程度繰り返します

2 マークシートを上手に塗る

定期試験では、記述式のほか、マークシートを使った方式もあります。正しい塗り方を練習しましょう。

塗り方チェック

マークシートの解答欄は外枠から塗ります。できたら、内側を塗っていきましょう。

内側を軽く塗っただけでは、機械で読み取れない可能性があります

外枠から内側の順に塗っていきます

PART 2 　定期試験で力を発揮する

３ 字を早く書く

制限時間内に解答するために、字を早く書くトレーニングをしましょう。

ひじ位置チェック

ひじが机から外れると、効率よく書いたり、マークシートを塗ったりできません。用紙を机の上方にセットし直すと、ひじを机の上に乗せることができます。

ひじが机の外に出ていると、不安定になって力が入りません

ひじが机に乗っているので、腕や手が安定し、効率よく字が書けます

４ 解答欄を適切に使う

定められた解答欄をはみ出さないように、文字を書く練習をします。

見本にならって続きを描く

見本の文字を、考えた通りの大きさで書く練習です。見る力と、見たものを再現する力がやしなわれます。

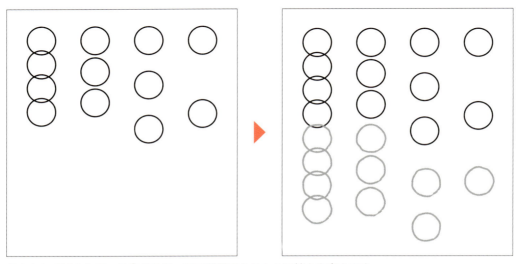

見本として描かれている○を見て、同じ間隔になるように続きを書きます

丸描き

無地の用紙に、縦書きで、連続して○を描いていきます。できたら横書きで同様に描きます。同じ大きさに字を書く練習になります。

まっすぐ下に、同じ大きさの丸を書いていきます

解答欄スペース

最初に、スペース欄全体を見て、外枠の大きさを確認します。見本の文章を読んで、解答欄（タテ6cm×ヨコ12cmの枠を紙に書く）に収まるように書いてみましょう。枠全体をしっかり見て、1文字をどれくらいの大きさにしたらよいか、考えてから書き出しましょう。

見本文(例)

　桜は日本文化に馴染みの深い植物である。和歌でも「花」といえば桜を指すほど、人々の心情や風景に深く根付いていることがうかがわれる。現代でも、入学や卒業の風景には欠かせない花となっており、春の花の中でも特別な位置を占めているといえるだろう。
　桜は古くから品種の交配が盛んに行われてきた。代表的な品種は江戸末期に出現した「ソメイヨシノ」だろう。全国各地で、春を象徴する花として愛されている。

解答欄(例)　12cm　6cm

　桜は日本文化に馴染みの深い植物である。和歌でも「花」といえば桜を指すほど、人々の心情や風景に深く根付いていることがうかがわれる。現代でも、入学や卒業の風景には欠かせない花となっており、春の花の中でも特別な位置を占めているといえるだろう。
　桜は古くから品種の交配が盛んに行われてきた。代表的な品種は江戸末期に出現した「ソメイヨシノ」だろう。全国各地で、春を象徴する花として愛されている。

PART 3 文房具を上手に使う

学校では、レポートを提出したり、試験を受けたりする場合にも、多くの文房具を使います。そのときは、適切に操作して指示通りに提出物を用意する必要があります。特に、提出物をまとめるときに、文房具を上手に使えるようになりましょう。

文房具の使い方を確認してみよう

- ホチキスでレポート用紙を上手に留められない
- ダブルクリップを上手に使えない
- パンチで穴を上手に開けられない
- 資料を上手にファイリングできない
- 修正液、修正テープが上手に使えない
- セロハンテープを上手に切れない
- コピー機を上手に使えない

1 文房具を上手に使う

文房具の使い方を知って、効率的な手指の使い方を身につけましょう。

ホチキスを使う

ホチキスを使うとき、まず親指がずれないように、本体にしっかり当たっているのを確認し、それから親指に力を入れて押します。

親指がホチキスに当たっていることを確認します

親指に力を入れて押します

第2章 学習関連動作を改善しよう

必要な力や動き

●**握りとつまみ**
文房具の形態にあわせて、握りとつまみの操作が必要となります。

●**両手の操作**
文房具を片手で操作すると効率が悪くなります。左右の手を使うことが求められます。

●**姿勢の保持**
文房具を使うとき、指先だけでなく、座位・立位の姿勢の保持力があって指先の操作性が高まります。

留め位置チェック

横書きの場合、レポート用紙の左上を留めます。留めるときは、レポート用紙を上下逆さまに回し、右下角を留めます。縦書きの場合は、右上を留めます。上下逆さまにしたときは、左下角を留めます。

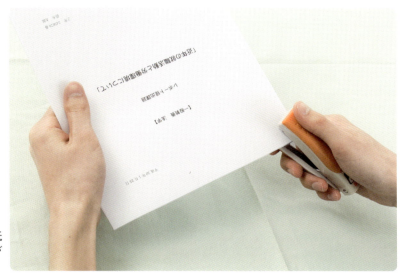

横書きのレポート用紙は、左上を留めるのが基本です

ダブルクリップを留める

クリップのつまみを親指の腹にあてます。親指と人差し指でつまみます。

1 クリップのつまみを指の腹でつまんで開きます

2 用紙の左上を留めます

PART 3 | 文房具を上手に使う

プリントを1枚とる

親指を外側に広げて親指の腹を紙にあててつまむと、紙がしっかりつまめます。束になったプリントの場合には、両手で滑らせながら、折り返して1枚とります。

片手で取る

1

左手で紙をしっかり押さえます。親指の腹を紙にあて紙を上へ持ち上げます。

2

親指と人差し指で紙を1枚つまみます

両手で取る

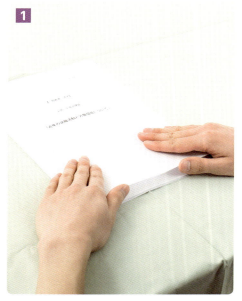

1

親指とほかの4本指で紙を押さえます

2

両手で滑らせて、紙を1枚だけとります

第2章 学習関連動作を改善しよう

紙を折る

指の腹で紙を押すと、しっかりと折ることができます。

1 紙の角を合わせて半分に折り、親指の腹で紙を押さえます

2 下から上へなぞって折り目をしっかりつけます

紙の束をそろえる

レポート用紙を机上に集めます。次に、用紙を立てて、軽く上下にとんとん、指で左右を調節してそろえていきます。

片方の手は上方、もう一方の手は下方を押さえて紙をそろえ、上下に動かして紙をそろえます

紙を横にしても、やり方は同様です

PART 3 　文房具を上手に使う

穴あけ

紙を半分にして軽く折り目を入れます。折り目をパンチの中央位置の目印に合わせます。パンチのレバーを手の手根部にあて力強く押します。

1

折り目をパンチの中央線に合わせます

2

パンチに手の手根部をあてます

3

体重をのせるように、パンチを力強く押します

修正テープを使う

修正テープを持った手は紙に接地させます。手が紙から浮いてしまうと、コントロールが悪くなり、消さなくてよい部分まで消してしまいます。修正テープの先端部を紙に全面均等にあてて、ゆっくりと滑らせていきます。

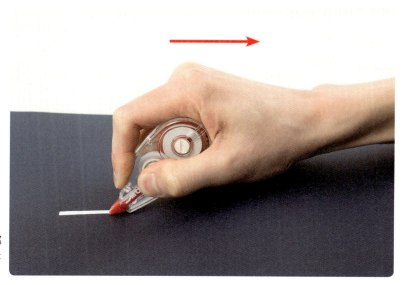

修正テープの先端部を紙にぴったりつけたまま、滑らせます

ファイルのリングの開閉

リングに親指または、人差し指をひっかけて、リングを開けます。親指と人差し指でリングを押し、閉じます。

片手で開閉

1
親指と人差し指でリングを開きます

2
親指と人差し指を使ってリングを閉じます

両手で開閉

1
親指と人差し指で両側のリングをつまみます

2
リングを押して閉じます

定規で線を引く

左手で定規の真ん中を押さえ、右手で線を引きます。そうすると、定規がずれません。

定規の端を指先で軽く押さえただけだと、定規が安定しません

横にした定規の真ん中を左手でしっかり押さえます

PART 3　文房具を上手に使う

ファスナーの開閉

ペンケースなどのファスナーの取っ手部を親指と人差し指ではさみ、しっかりつまみます。反対の手で、ケースをつかみます。ファスナーをつまむ手だけではなく、つかむ手が重要です。

左手でケースをつかみ、右手の指先でファスナーをつまみます

閉じるときは、ケースの反対側をつかんでファスナーを動かします

セロハンテープを切る

セロハンテープを親指と人差し指でしっかりつまみ、切り取ります。指先でのつまみと、手首の動きを利用します。

セロハンテープの先をしっかりつまみ、引っぱってテープを切り取ります

シール貼り

親指と人差し指でシールをつまみます。主に親指を使って貼りつけます。

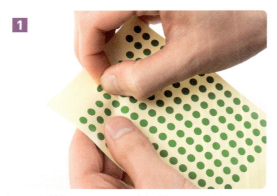

シールを指先でつまんで、紙に貼りつけます

第2章 学習関連動作を改善しよう

② コピー機を使う

コピー機の操作には、見る力、バランス感覚、手のひらや指の腹で押す力が必要です。

紙のコピーをとる

紙の角とコピー機の画面の角を、目で見てしっかり合わせます。紙から手を離して、ゆっくりふたを閉めます。そうすると、紙がずれません。

画面の角に紙の角を合わせます

ふたをゆっくり閉めます

本のコピーをとる

本の角とコピー機の画面の角を合わせます。本をしっかり押して、浮かないようにします。コピー機のふたを手で押しておさえながら、スタートボタンを押します。

画面の角に本の角を合わせます

本が浮かないように、手で押します

コピー機のふたをしっかりおさえながら、右手でコピー開始のボタンを押します

COLUM 2

鉛筆の持ち方

鉛筆の正しい持ち方を（動的）3指握りといいます。悪い鉛筆の持ち方には、下記のようなパターンがあります。持ち方のクセを見つけたら、46ページの「輪ゴムストッパー」や47ページの「教員・保護者へサポートのコツ」を参照して、改善しましょう。

正しい持ち方

親指の先と人差し指の先をくっつけて鉛筆を持ちます

正しくない持ち方

親指でっぱりパターン

親指を人差し指の真ん中くらいにあてているため、親指がでっぱっています

特徴
- 字が濃い
- 文字のトメ、ハネ、ハライが雑
- 早く書けない
- 角ばった字を書く
- 手が疲れる

人差し指逆「く」の字パターン

人差し指の先端ではなく、指紋部をあてているため、第一関節が反っています

特徴
- 字が濃い
- 疲れやすい
- 丁寧だが、早く書けない

手首曲げパターン

手首を曲げすぎて、「く」の字になっています

特徴
- 書くのが早い
- ゆっくり書けない
- 文字のトメ、ハネ、ハライが雑

先端持ちパターン

鉛筆の円錐部の先、芯の近くを握るため、親指の関節が曲がっています

特徴
- 頭を傾けて字を書く
- 字が濃い
- 手が疲れる
- 字が雑になる

そのほか、親指、人差し指、中指の指紋部を鉛筆にあてる「吸盤持ちパターン」や、鉛筆を垂直に立てたり、前方に傾けたりして握る「鉛筆立て持ちパターン」などがあります。

第3章

日常の生活動作を改善しよう

PART
1
上品に食べる

学校での食事は、家で自分のペースで食事をするのとは異なります。ほかの人と一緒に食事をするので、特に汚さないように食具を上手に使うことが必要です。テーブルマナーを理解し、食べ方に自信をもてるようにしましょう。

食事中の状態・動作を確認してみよう

- 顔を食器に近づけて食べる
- 箸が交差して上手につまむことができない
- 醤油やソースを注ぎすぎてしまう
- フォーク、ナイフを上手に使えない
- スープをスプーンで上手にすくえない

1 姿勢をチェック

食器を床に置いたまま、顔を近づけて食べている場合は、食器を持って食べるようにします。

食器に顔を近づけて食べています

食器を持つときは、親指で食器のフチをおさえ、ほかの指で底を支えます

第3章 日常の生活動作を改善しよう

必要な力や動き

- **座位姿勢を保持する力**
  食事は座ってするので、正しい姿勢で座り続ける力が必要です。
- **指の分離的な動き**
  親指とそのほかの指を別々に動かして、操作します。
- **指でおさえる力と手首の固定力**
  食器や容器を持つときは、指で食器をおさえて、手首でその位置を固定しなければなりません。

2 口を閉じて噛む

くちゃくちゃ音を立てて食べる人は、口で呼吸している可能性があります。鏡を見ながら口を閉じてモグモグしてみて、感覚をつかみます。鼻で呼吸をするので、鼻が詰まっていないか確認しましょう。

口が閉じているか鏡でチェックします

3 箸を正しく持つ

親指で外側の箸をしっかりおさえられているか確認します。

✗ 親指で箸をおさえられていないため、箸がクロスしてしまっています

教員・保護者へサポートのコツ

ズレていれば（クロス箸）補助し、親指で箸をおさえるようにフィッティングします

4 箸で魚をほぐす

箸で上手にほぐせない人のための練習法です。ティッシュを水で少しぬらします。皿などに置き、2本の箸でティッシュを裂きます。自分から遠い方の箸を主に動かしましょう。

ティッシュをぬらして皿に置いて、魚に見立てます

2本の箸を逆方向に開いて、ティッシュを裂きます

5 箸で麺をすくう

箸で麺をすくうとき、手首の回転を使ってすくっていくと、上手にすくえます。指先だけでなく、手首の動きをうながしましょう。

1

箸で麺をつまんで、手首を回転させます

2

しっかり麺をつまんだまま、腕を持ち上げます

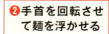

やり方

❶ 箸で麺をつまむ

❷ 手首を回転させて麺を浮かせる

❸ 腕を使って持ち上げる

❹ 口を麺に近づけて食べる

6 醤油やソースを注ぐ

醤油などを皿に注ぐとき、片手で行うとコントロールが不十分となります。両手を使って注ぎましょう。または、ひじをテーブルにつけて注ぐ方法もあります。慣れてきたら、徐々に片手で注いでみましょう。

①醤油

器を持つ手の手首を、もう一方の手で支えます

②ソース

ソースは醤油より重い場合が多いので、しっかり支えます

③塩

1

2

片方の手でもう一方の手首をトントンとたたいて、少しずつ塩を出します

PART 1　上品に食べる

7　ナイフとフォークを使う

ナイフの正しい持ち方を確認します。人差し指をナイフにあて、しっかり押さえます。上方斜めから切っていきます。水平に切ると切れにくくなります。フォークも同様の位置に人差し指をあてて持ちます。

ナイフとフォークを置くときは、ナイフは刃を手前側に、フォークは先を下向きにして、ハの字に置きます

食事が終わったら、ナイフの刃は手前側に、フォークは先を上向きにしてそろえて置くのがマナーです

ナイフとフォークをバラバラに置くのはマナー違反です

8　スプーンでスープをすくう

スープをすくうときは、手前から奥に向かってすくいます。スプーンを口に入れて取り込むとき、すすって音をたてないように注意しましょう。スープが少なくなり、すくいにくくなったら、カップやお皿を傾ける動きが必要です。左手前を持ち上げ、右奥にスープをためてすくいます。

1

スープが少なくなったら皿を傾けて奥にスープをためます

2

スープをためたら手前から奥に向かってすくいます

第3章 日常の生活動作を改善しよう

⑨ フォークでパスタを食べる

フォークの下の歯にパスタを引っかけます。次にパスタを巻きます。そうすると、ソースも飛び散らず、汚れません。

1

フォークのいちばん下の歯にパスタをひっかけます

2

指先を使ってフォークを回し、パスタをクルクルと巻きつけます

⑩ ナプキンを膝に置いて食べる

ナプキンを膝の端に置くと落ちやすくなります。大腿部にナプキンを置きましょう。ナプキンを2つ折りにして山側を自分に向けます。ベルトの位置を目印にしましょう。ナプキンで口などを拭くときは、ナプキンの裏側を使います。また、膝へ戻すときは、汚れた面を内側にして折ります。

2つ折りの山側を自分に向けます

ナプキンの内側で口を拭きます

PART
2
上手に身支度をする

大雨、降雪、暑さ・寒さが厳しいときなどは、上手に身支度をしなければなりません。長靴や帽子、上着など、素早く、複数の物を上手に身につけられないと、転倒をしてケガをしたり、風邪をひいてしまったりします。

身支度時の状態・動作を確認しよう

- 長靴を上手にはけない
- マスクを上手に着けられない
- マフラーを上手に巻けない
- 帽子を上手にかぶれない
- ジャンパーのファスナーを上手に開閉できない
- ジャンパーのホックを上手に留められない

1 長靴を上手にはく

すそが長靴の外側に出ないように、長靴をはく前に、ズボンのすそを足首に巻き付けるように折ってから足を入れます。

1 ズボンのすそを足首に巻き付けます

2 すそを押さえたまま、長靴に足を入れます

68

必要な力や動き

●指先のつまむ力
ボタン、ファスナーなどの衣類の操作には、指先のつまみ機能が必要です。

●両手の協調動作
効率的に着替えなどをするには、両手を上手に使いこなすことが必要です。

●上手に手を使うための安定した姿勢を保持する力
体幹がしっかりと安定していないと、手指の機能は低下します。

2 上着のファスナーを開閉する

スライダーを留めたあと、親指と人差し指で引き手をつまんで上に引っ張ります。

親指と人差し指の先端部で引っ張ってうまくいかないときは、人差し指の第2関節部に引き手を当て、つまみを引っ張ります

引っ張り上げるときは、左手で上着の端を押さえます

3 マスクを上手に着ける

マスクを半分に折ります。耳にかけ、鼻にフィットさせます。次に、あごをフィットさせます。

マスクを中央で半分に折ります

ワイヤーが入っているほうを上にして、鼻、そしてあごをフィッティングさせます

PART 2　上手に身支度をする

4　マフラーを上手に巻く

ワンループ巻きが簡単です。マフラーを半分に折り、ループをつくります。後ろに回し、ループの中からマフラーを通します。

1

ループに腕を通します

2

先端を引っ張りループに通します

3

しっかり覆うように首に巻き付けます

5　帽子を上手にかぶる

帽子を風で飛ばされないように、前側から頭にかぶせて、頭にしっかりフィットさせます。

1

帽子の前側を額に当てるように、前方からかぶります

2

帽子の後ろを下げてしっかりかぶります

3

頭にフィットしているか確認します

第3章 日常の生活動作を改善しよう

⑥ 爪を上手に切る

爪切り姿勢チェック

椅子で爪を切るのが一般的ですが、難しい場合は、壁に背中をつけて床に座り、爪を切ってもよいでしょう。

巻き爪対策

爪の角を、深く切らず、水平に切っていきます。そうすると、巻き爪対策になります。

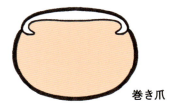
巻き爪

椅子に座って切る場合は、膝を立てて、椅子の座面に足を置いて爪を切ります

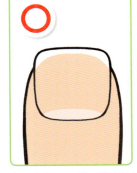 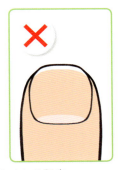

上から見て、指の先端がかくれる程度に爪を切り、角はなるべく残します

⑦ ジャンパーのホックを留める

最初に、ホックの凹凸を合わせます。これがずれると、いくら力を入れてもホックは留められません。

1 ホックの凹凸が合うようにします

2 両手の親指と人差し指でつまんで、ホック中央部を前後両側から、力を入れて押します

PART 3
調理・片付けをする

大学入学や就職を機に、1人暮らしを始める人もいるでしょう。自立した生活を送ることができるよう、安全に効率よく自分で調理・片付けができるようにしましょう。

調理・片付け時の動作を確認してみよう

- 包丁で上手に切ることができない
- 食器を上手に洗うことができない
- フライパンを上手に使うことができない
- 食品用のラップが上手に切れない

1 包丁で上手に切る

包丁操作立ち姿勢

体を調理台から10cmくらい（こぶし1個分）離してまな板にむかいます。右足をこころもち後ろにひくと、腕のまわりに包丁を動かしやすいスペースが確保できます。

調理台によりかかって切ると、ひじが後ろに引かれて包丁に力が伝わりません

右足を後ろに引いて体を少し開いて立てば、ひじ、手首を動かしやすくなります

第3章 日常の生活動作を改善しよう

必要な力や動き

● **物を見る力**
食材と調理器具をしっかり見て調理します。背中が丸まると、十分に見られなくなります。

● **バランス感覚**
調理は立って行います。バランスに気をつけて長時間立つ必要があります（⇒22〜25ページ参照）。

● **両手で別の動きをする力**
片手（利き腕でないほう）で固定、利き手で操作といったように、両手で別の動きをします。

包丁の持ち方

親指、人差し指、中指で包丁の柄の付け根近くをしっかりと持ち、あとの2本の指は軽く曲げて添えるのが正しい持ち方です。

包丁が不安定になり、力が伝わりません

包丁が固定され、効率的に食材を切れます

包丁の切り方

猫の手のように指を曲げて材料を押さえます。つき出た中指の第一関節に、右手の包丁の側面をあてます。魚や肉は包丁を手前に引いて切り、野菜は向こう側に押すようにして切ると切りやすくなります。

つき出た中指の第一関節に、右手の包丁の側面をあてます

食材を押さえる手の指を伸ばしたままだと、指を切ってしまいます

包丁を正しく持たないと、力が入らず、食材が切れません

2 上手に皿洗いをする

油汚れ防止

油汚れが広がらないように、水で洗う前に、キッチンペーパーやゴムベラなどでぬぐっておきます。

キッチンペーパーで油汚れを拭きとります

ゴムベラを使ってもよいでしょう

スポンジを泡立てる

洗剤は少しずつ使い、スポンジに水を少量含ませてから数回握り、泡をしっかりと立ててから洗いましょう。泡を洗い流すときは、水が飛び散らないように水の量をおさえめにしてゆっくり行いましょう。

少量の洗剤でも、もみ合わせれば泡立ちがよくなります

皿洗い

お皿を長く持てない場合には、シンクの底にお皿をつけて洗いましょう。仕上げのときには、お皿を底から離して、水で流します。

シンクの底に食器をつければ、疲れません

皿を高く持ち上げると、疲れて長く持てません

第3章 日常の生活動作を改善しよう

3 フライパンを上手に扱う

フライパンの振り方

親指でフライパンの柄を押さえます。持ち上げるのではなく、滑らせるように動かします。袖に引火しないように、気をつけましょう。

フライパンを持ち上げると、疲れますし、火が十分に通りません

フライパンを持ち上げず、滑らせるように動かします

4 食品用ラップを上手に切る

ラップ切り

ケースのふたをあけ、ラップをつまみ引っ張ります。中央部をつまみましょう。ふたを閉めて箱を親指側に回転させラップを切ります。

ラップを真上に引っ張ると、うまく切れません

1 ラップを横につまんで引っ張ります

2 箱を90度回転させ、ラップを切ります

3 切ったラップを食品の上にかぶせます

PART 4

掃除・洗濯・整頓する

部屋の掃除や整頓ができないと部屋が散らかり、物が見つからなかったり、忘れ物をしたりするなどして、時間の無駄が多くなります。上手に掃除や洗濯をし、物を整理・整頓する方法を身につけましょう。

掃除・洗濯・整頓時の動作を確認しよう

- ゴミ袋をしっかりしばることができない
- レジ袋をきちんとたためない、片付けできない
- ぞうきんをしっかりしぼることができない
- 洗濯物を上手に干すことができない
- 衣類を上手にたたむことができない

1 ゴミ袋をしばる

ゴミ袋がしばれるように、できるだけ空気を抜いてゴミ袋を小さくします。ゴミ袋の両端を持つとき、5本の指を使ってしっかり持ちます。

テーブルや自分の体を使ってゴミ袋の底を支え、両手・両腕でゴミ袋をつぶして、空気を抜きます

必要な力や動き

●バランス感覚
立って行う作業では、バランスに気をつけて長時間立つ必要があります（⇒22〜25ページ参照）。

●手首の力
洗濯物のしわを伸ばしたり、ぞうきんを絞ったりするときには、手首を使います。

●両手の操作と空間認識能力
洗濯物を干すときは、両手を個別に操作し、ハンガーと洗濯物の位置関係を把握します。

2 レジ袋をたたむ

買い物をすると、レジ袋がたまります。レジ袋をきれいに収納しましょう。

1

レジ袋を平らに伸ばしたあと、タテ方向に半分に折ります。それを2、3回繰り返します

2

端を三角形に折ります。それを繰り返します

3

最後に、端をできたポケットの中に入れます

PART 4 | 掃除・洗濯・整頓する

③ ぞうきんを上手に絞る

両手をひねって絞る方法は難しいので、まずは片手絞りをやってみましょう。

①片手

片手を固定して、もう片方の手をひねって、ぞうきんを絞ります

①両手

片手絞りができたら、両方の手を互い違いの方向にひねって、ぞうきんを絞ります

④ 上手に洗濯物を干す

洗濯物のしわを伸ばす

洗濯物をハンガーに干す前には、しわを伸ばします。そうすると、乾いたあとにしわになりにくくなります。

腕を伸ばさないで体の近くでやると、洗濯物が振れません

衣類を持って腕をまっすぐ前に伸ばし、手首を上下に動かして洗濯物を振ります

ハンガーに洗濯物をかける

丸首のセーター、Tシャツなどをハンガーに干すときは、首に手を入れて、ハンガーを服の下側から引きましょう。

首を無理矢理開いてハンガーを通すと、首の部分が広がってしまいます

1 首のほうから手を入れ、ハンガーを持ちます

2 そのまま手を引いて、ハンガーを首の部分に出します

3 シャツのすその形を整えます

4 シャツのそでの形を整えます

5 洗濯物を上手にたたむ

セーターのたたみ方

ボタンがある場合はたたむ前に留めておきます。

1 背中側（後ろ身ごろ）を内側にして2つに折り、袖をそろえます

2 袖を折りたたみます

3 さらに半分に折ります

4 四角形になったら完成です

シャツのたたみ方

ワイシャツなど、前身ごろでボタンをしめるタイプの衣類のたたみ方です。

1

背中側（後ろ身ごろ）を上に向けて置き、タテ1/4くらいのところで折って、袖の上のほうでさらに折り返します

2

反対側も同様に折ります

3

半分に折ります

4

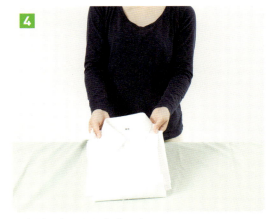

四角形になったら完成です

PART
5
買い物をする

コンビニやスーパーでの買い物は、日常生活に必須の行為です。公共の場ですので、商品の陳列棚や通路、レジでは、自分のペースではなく、周囲の状況に応じて行動しなければなりません。こうした動きは、アルバイトのときも必要になります。

買い物中の動作を確認しよう

- ■ レジでの会計時、お金の受け渡しがすばやくできない
- ■ 商品を入れたレジ袋を持って上手に歩くことができない
- ■ 物を載せたカートを上手に押すことができない
- ■ 買い物かごを持って上手に歩けない
- ■ 陳列棚でしゃがんで棚の下にある物を取れない
- ■ 人ごみにぶつからないよう、上手に歩けない

1 小銭をスムーズに扱う

卓球用ボール手のひら転がし

レジで店員から小銭を受け取るとき、指先に余計な力が入って小銭を落としてしまうことがあります。卓球のボールを手のひらに乗せて落とさないように動かすと、指先に過剰な力を入れないようにコントロールする力が身につきます。

卓球のボール、またはスーパーボールを1個用意します。ボールを手のひらに置き、落とさないようにゆっくりと、前後左右に揺らします

慣れてきたらボールを2個に増やし、指先を動かしてボールを手のひらの上で動かします

第3章 日常の生活動作を改善しよう

必要な力や動き

●正しい姿勢
猫背だと体が傾き、前方が見えずに転倒する危険があります。特に首をまっすぐに立てましょう。

●バランス感覚
商品の入ったかごを持ちながらまっすぐ歩くには、バランス感覚が必要です。

●握る力と手首の固定力
かごを持ち続けるためには、腕や手首で物を支える保持力が必要です。

コインピックアップ

財布から小銭をうまく取り出せないこともあります。片手ですばやくコインを操作する方法を身がつきます。

テーブルにコインを5枚並べます

指先で1枚ずつ取ったら同じ手の手のひらに入れ、続けてコインを取っていきます

コイン移し

片手ですばやくコインを操作し、もう一方に手に移す方法が身につきます。

手のひらにコインを5枚置きます

コインを1枚つまみます

反対の手のひらに、コインを1枚ずつ取り出して移していきます。反対の手でも同じように行います

PART 5　買い物をする

② お札をスムーズに扱う

トランプカード

お札の扱いを上達させるため、トランプを使って練習します。

左手に持ったカードを1枚ずつ右手にずらして移していきます

お札ピックアップ

財布からお札を取り出したり、お札を数えたりする練習です。

左手で財布を持ち、右手の親指と人差し指の腹でずらしながら、お札を1枚取り出します

左手でお札を4、5枚持ち、右手の親指と人差し指の腹でお札をつかんで、1枚ずつ右手に移していきます

③ 財布を上手に出し入れする

財布をポケットから出し入れするには、指を伸ばす動きが必要となります。5本の指をしっかり伸ばすことができるか確認しましょう。

1

5本の指をしっかり伸ばしてポケットに手を入れます

2

財布をつかんでポケットから取り出します

カバンを体にしっかり引き寄せて、カバンから財布を取り出します。指をしっかり伸ばして財布をつかみましょう

第3章 日常の生活動作を改善しよう

④ 薄いビニール袋を開く

スーパーでは、買ったものを自分でビニール袋に入れなければなりません。開口部がくっついて開けにくいので、スムーズに開ける練習をしましょう。指が乾いていると開けにくいので、店の台にあるぬれ布巾で指をしめらせるのもよいでしょう。

1

ビニール袋の開口部を両手で持って、こするようにもみほぐします

2

開口部のすき間を探し、開きます

⑤ レジ袋を持って上手に歩く

袋の取っ手部分を指先に引っ掛けると、すぐ疲れてきます。疲れない持ち方を確認します。

✕

薬指、小指を使わずに指先に袋を引っ掛けると、重みが集中して痛くなったり、疲れたりします

ビニール袋の取っ手部を指のつけ根あたりに当てて持ちます

PART 5 　買い物をする

6　カートを使う

膝を伸ばしたまま持ち上げると、腰痛の原因になります。

カートに載せたかごを持ち上げるときは、膝を曲げます

台に体を近づけてから、かごを台に移します

膝を伸ばした状態でかごを持ち上げると、腰に負担がかかってしまいます

7　買い物かごを持って上手に歩く

かごの持ち方

買い物用のかごは、持ち方に注意しないと、ほかの人にぶつかってしまいます。

かごは真横に持って歩くと安定します

人が多い場合は、かごを前方にもってくるようにします

ひじにかけて持つと、より安定します

第3章 日常の生活動作を改善しよう

方向転換のやり方

方向転換するときは、体幹をひねる動き、足で踏ん張る動きを使います。「ぶつかる」と思ったら、むやみに前に進まず、一端止まって前方を確認しましょう。

その場で行きたい方向に体をひねります。人にぶつからないよう、周りを見ます

足を動かし、体全体を進みたいほうに向けます

8 陳列棚の下にある物を上手に取る

陳列棚の下のほうの物を取るときは、しゃがみ姿勢がポイントになります。

腰をしっかり落とし、膝を曲げてしゃがみます

膝を伸ばしたまま、腰だけを曲げて取ろうとすると、腰を痛めてしまいます

87

PART
6

公共施設や交通機関を使う

バスや電車などにうまく乗れないと、**外出が苦痛になり**、家にひきこもりがちになります。また、駅構内や車内で人とぶつかると、**相手にけがを負わせたり、事故につながったりする**こともあります。自分の体や持ち物と周囲との位置を見られるようになりましょう。

移動中・外出先での動作を確認しよう

- ■ エスカレーターの乗り降りが上手にできない
- ■ 券売機でのお金の操作が上手にできない
- ■ 階段の昇り降りが上手にできない
- ■ 車内で立っていると転ぶ
- ■ 歩いているとカバンやリュックが肩からずり落ちる
- ■ 傘を持って電車に上手に乗れない

① エレベーターに上手に乗る

エレベーターのドアが開いた瞬間に入ってはいけません。降りる人が先ですので、ドアの外側で待ちましょう。

ドアの前で待っていると、出てくる人とぶつかってしまいます

エレベーターに乗るときは、ドアの正面をあけておき、中から人が出てくるのを待ちます

必要な力や動き

- **正しい姿勢**
  猫背だと、見ることが不十分になり、券売機の操作やお金の取り出しがうまくできず、疲れやすくなります。
- **バランス感覚**
  エスカレーターや車内では、一定の姿勢で立ち続けなければなりません。
- **片手でのすばやい操作**
  お札や小銭を取り出す際には、指、特に親指が自由に動かせることが重要です。

2 エスカレーターに上手に乗る

エスカレーターに上手に乗り降りできないと、人とぶつかったり転倒したりして、ケガや事故につながる可能性があります。正しい乗り降りの方法を確認しましょう。

1 乗るときは、手すりにつかまってから、足をエスカレーターに乗せます

足もとではなく少し上方向を見て、降りる地点を確認します

3 降りるときは、足がついたらその場に止まらずにスムーズに進みます

✕ その場に止まると、後ろから来た人と衝突してしまいます

PART 6 公共施設や交通機関を使う

③ 券売機で小銭やお札をスムーズに扱う

片手コインだし

あわてると、コインを落とし、時間がかかってしまいます。数枚つまんで入れるのではなく、1枚ずつしっかりとつまんで投入口に入れましょう。

小銭を3枚、手のひらに入れます。小銭を1枚ずつ、親指と人差し指でつまみます

お札入れ

販売機にお札を挿入するとき、折れていると、返却されてきます。

お札を伸ばして指でお札を押さえ、滑らせて挿入します。お札の前部を押さえるとやりやすいです

おはじき出し

小銭がうまく取り出せない場合の練習法です。

1

机の上におはじきを20個くらいランダムに置きます。次に、右手で5個程度わしづかみにします

2

手の中のおはじきを、右手から左手へ1個ずつ移します

90

第3章 日常の生活動作を改善しよう

4 人の多い階段を昇る

人がたくさん昇り降りする階段では、人とぶつかったり進路の邪魔になったりしないように気をつけなければなりません。

下ばかり向いて昇ると、降りてくる人とぶつかってしまいます

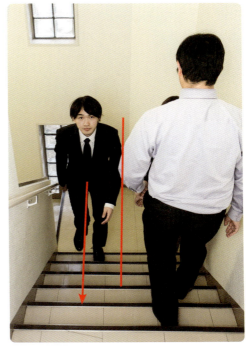

足もとばかり見ずに、上を見て昇りましょう

5 電車やバスの中でしっかり立つ

車内での立ち方

電車やバスの乗車マナーを守れないと、ほかの乗客に迷惑をかけてしまいます。座れないときはつり革をつかみ、揺れや急ブレーキにも対応できるようにして立ちましょう。

電車やバスの進行方向に対して垂直、あるいは角度をつけて立つと、バランスが崩れやすいです

電車やバスの進行方向に対して平行に立ち、肩幅くらいに両足を広げて立つと、電車が揺れてもバランスを保てます

91

サイドステップ

車内でバランスをとる練習です。揺れを意識してサイドステップをしましょう。

1. 背すじを伸ばして起立して足を肩幅に開き、右足に体重をかけて左足を上げます

2. 反対に、左足に体重をかけて右足を上げます

つり革の持ち方

電車やバスでは、つり革をしっかりつかんで立ちましょう。

 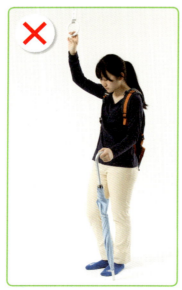 

つり革は肩の上くらいの位置で握ると安定します。握り方は、親指を他の指と対向させ、手のひらにつり輪をあてて握ります

指先でつかまると、目線が下になって腰が曲がり、体幹が安定しません

足の位置とつり革の位置が離れているので、1人で場所をとってしまいます

第3章 日常の生活動作を改善しよう

6 車内でリュックを降ろして座る

リュックを降ろす

椅子に座る前に、立ったままリュックを降ろす必要があります。このとき、片方の肩からはずします。両腕をいっぺんにはずさないようにします。

1

まず片方の腕を肩ベルトから抜きます

2

リュックを体に沿わせて、体の前面へずらします

3

リュックがほかの人にぶつからないように腹部に抱えながら、もう片方の肩からはずします

リュックをかかえて座る

電車やバスでは、荷物を膝の上に置くか、抱きかかえるようにして座ります。

リュックのひもなどが、隣のシートにはみ出ていないか、気をつけましょう

PART 6　公共施設や交通機関を使う

7　カバンの持ち方

肩ひもがある場合

カバンを手で押さえて歩くと、肩から落ちません。カバンが揺れることがないので、歩きやすくなります。

カバンが肩からずり落ちやすいとき、カバンの肩ひもを、手の長さまで長く伸ばします

腰

肩ひもをクロスにかけ、カバンを腰の後ろにくるようにすると、より安定します

第3章 日常の生活動作を改善しよう

手で持つ場合

カバンの取っ手を指先で持つと疲れやすくなります。手のひらの中で握りましょう。しっかり持つことができます。

5本の指に力を入れて、手のひら全体で取っ手をつかみます

指先だけで取っ手を持つと、疲れてしまいます

手首でカバンを持ち上げているので、疲れてしまいます

PART 6　公共施設や交通機関を使う

8 車内でペットボトルの飲料を飲む

上手にキャップを開ける

車中で上手に飲めないと、こぼして他人に迷惑をかけてしまいます。まずはふたの開け方の確認をしましょう。

ペットボトルのキャップ部にハンカチを当てて包み込むようにします。その上からキャップをひねります。万が一噴き出しても、服をぬらさずに済みます

こぼさずに飲む

走行中にペットボトルの飲料を飲むときは、飲み物が飛び出して口からもれたり、むせたりすることがあります。

ペットボトルの吸い口に唇をあて、ボトルの口をふさいでから、傾けて飲むようにするとこぼれません

第3章 日常の生活動作を改善しよう

9 防寒靴、長靴で傘を持って歩く

防寒靴歩き

防寒靴や長靴をはくと、とても歩きにくくなるので、転倒の可能性も大きくなります。ふつうの靴で歩くとき以上に、歩き方に注意します。

かかとから足をつけると、重心が後ろにかかり、転倒しやすくなります

小幅で、足裏全体を地面に水平につけて歩きます。膝が伸びないように気をつけながら、足もとを見ます。路面の状態が悪いと猫背になりやすいので、注意しましょう

脇締め傘差し

脇を広げて傘を持つと、不安定になり疲れてきます。

脇を締めて傘をもつようにすると安定します

腕だけで持つのに疲れたら、肩で支えてもよいでしょう

10 傘を持って電車やバスに乗る

傘を上手にたたむ

人がたくさん乗っている公共交通機関では、周囲に雨水を飛ばさないように、傘を前方におろします。傘を持ちあげたまま留め具を留めようとするとできません。

1

2

くるくる傘を回し、留め具を留めます

傘の先端部を床に着けて固定します

足で傘を固定

座席に座るときは、濡れた傘がほかの乗客に触れないように持つことが必要です。

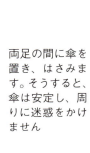

傘を脇に置くと、隣の人に迷惑がかかります

両足の間に傘を置き、はさみます。そうすると、傘は安定し、周りに迷惑をかけません

第4章

就活に関連する動作を改善しよう

PART 1
スーツを着る

身だしなみは、面談などで相手に好印象を与えるか否かを決める、就活の大事な部分です。面接直前に急にやろうとしても、身につきません。普段から気をつけ、上手な着こなしができるように習慣づけましょう。

スーツの着方を確認しよう

- ■ ワイシャツやブラウスの小さいボタンがけができない
- ■ ネクタイが上手に結べない
- ■ 髪を束ねることができない
- ■ 革靴のひもが結べない
- ■ 革靴をスムーズにはけない
- ■ カバンを持ちながら革靴で上手に歩けない

① 小さいボタンをかける

ボタンをかけるときは、両手で別の動きをします。ボタンをつまむ手と服をつまむ手、それぞれの手の動きを確認しましょう。

服を持つ手に力が入り握ってしまうと、服をしっかり引っ張れません

両手の位置を離しすぎても、服をしっかり引っ張れません

左手で服を、右手でボタンをつまんで、穴にボタンを通します

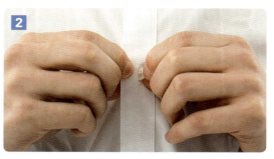

通したあとは、左手でボタンを持ち、右手で服を引っ張り、ボタンを最後まで通します

第4章 就活に関連する動作を改善しよう

必要な力や動き

- **見る力** ボタン、靴ひも、ベルト、ネクタイなどを上手に操作するには見る力が必要です。
- **バランス感覚** 靴ひもを結ぶときは安定したしゃがみ姿勢が求められます。ネクタイは立ち姿勢で行います。このように姿勢が崩れないようにバランスをとることが必要です。
- **両手の操作** ボタン、靴ひも、ベルト、ネクタイなど片手では効率が悪く疲れてしまいます。両手を使うことが必要です。

2 袖のボタンをかける

袖ボタンのかけ方

通常は、シャツを着てから袖のボタンを留めます。

右の袖のボタンを留めるには、左手の親指、または、人差し指をシャツの穴に入れて、ボタンが入りやすいように穴の口を大きくします。右手の指でシャツを押さえつけ動かさないようにします。左手の指でボタンを穴からつまみ出します。次のページの「L字押さえ」のようにひじをしっかり曲げてから行うとやりやすいです

ダブルクリップで袖ボタンを留める

ダブルクリップを使うと、簡単にボタンを留めることができます。

ダブルクリップのつまみの一方を、ボタン穴に通します

通したつまみを、ボタンに引っかけます

ボタンを引っかけたまま、ボタン穴から引き抜きます。ボタンが留められたら、つまみを外します

PART 1 スーツを着る

L字押さえ

シャツを着たままボタンを留められない原因のひとつは、腕が安定せず、手首に力が入らないことです。腕を固定して留めましょう。

腕をピンと伸ばしたままだと、腕の位置が安定せず、ボタンをつまむほうの手首に力が入りません

ひじをおなかにつけて、腕はひじを曲げ、L字のようにします。そしてボタンをかけます

着る前にボタンを留める

シャツを着てから袖のボタンを留めるのが難しい場合は、着る前に留めるとよいでしょう。

1 シャツを着る前に、あらかじめ袖のボタンを留めてしまいます

2 留めたら、腕を通しシャツを着ます

第4章 就活に関連する動作を改善しよう

③ スーツズボンをはく

スーツズボンの上げ方

シャツがズボンからはみ出していると、だらしない印象になります。腰まではいてからシャツを中に入れようとしても、きつくなって手が入らず、操作が大変です。大腿部まで上げたらそこで一度止め、背後もはみでないようにシャツをズボンに入れます。

1 ズボンを腰のあたりまで上げたら、手でシャツをズボンの口に入れます

2 背中側にも手を入れて、ズボンの中にシャツを入れます

3 ズボンを最後まで上げます

手の使い方

ズボンをはくときの、手の使い方を確認しましょう。

親指をズボンの内側に入れて、しっかりひっかけます

スーツがしわになるので、ベルトではなくズボン自体をつかんで引き上げます

103

4 ベルトを上手に締める

ベルトの位置

ズボンが下がるとズボンのすそのほうがダブつき、だらしなく見えます。

逆にベルトの位置が上過ぎると、すそが上がり、靴下が丸見えになるので、バランスが悪いです

ベルトは、腰の骨の高さに合わせると、骨がストッパーになってズボンが下がりません

ベルトの締め方

ベルトの締め方を確認します。ベルトの穴の位置があわない場合、ベルト専用のパンチがあります。自分で穴の位置を調整することができます。

1 ベルトをズボンのベルトループに通すとき、反時計周りに通していきます

2 ベルトループを見落とさないように気をつけます

3 一周したらバックルの中にベルトを通します。右手でベルトを引き、左手でホールに留め金を入れます

5 スーツの上着を着る

片腕ずつスーツの袖を通して着るのが難しい場合は、この方法がおすすめです。

1 片方の腕のスーツをひじくらいまで通します

2 もう片方の腕に、スーツをひじくらいまで通します

3 通したら、肩まで上げます。上のボタンをひとつ留めます

PART 1 | スーツを着る

⑥ ネクタイを結ぶ

ネクタイは、手を複雑に動かして結びます。一般的な結び方を確認しましょう。

①交差させる

シャツの襟を立て、ボタンをしめてからネクタイをかけます。大剣（ネクタイの幅が広いほうの端）を小剣の上に交差するように重ねます。小剣の周りを一周するように大剣を小剣の下に持っていきます。次に、大剣を小剣の上に、横に交差するように持っていきます

②下から通す

できかかっているネクタイの結び目を人差し指で押さえながら、大剣を、V型になっている襟もとのほうに下からくぐらせるように通します

第4章 就活に関連する動作を改善しよう

③結び目に通す

人差し指を離して、大剣の先を下の結び目の袋に通します

④下へ引っ張りながら下へ通す

小剣を押さえ、大剣の先を丁寧に下へ引っ張りながら結び目を締めます

⑤襟を整えて完成

結び目は襟元まで上げて位置と形を整えます

7 髪を整える

後ろで束ねる

面接などでは、長い髪は束ねておいたほうが、清潔感があり印象がよくなります。

腕が後ろにまわせるか、確認します。束ねた髪を左手で押さえ、右手にゴムの輪を通して広げます

右手でゴムを左手にかぶせ、そのまま髪の束をつかみ、次は左手でゴムを引いて、髪を通します

ゴムをねじって手で広げ、先と同様に数回、根本を結んでいきます

完成です。髪がこぼれていないか、鏡などで確認します

第4章 就活に関連する動作を改善しよう

寝ぐせ対策

寝ぐせがあるとだらしない印象になります。外出先で気づいてしまった場合は、ぬらして矯正します。

寝ぐせが直らないときは、タオルに水を少し含ませ、髪をぬらして整えていきます

8 靴ひもを結ぶ

蝶々結びのやり方

就職活動では、革靴をはきます。蝶々結びができるようにしておきましょう。132ページ参照。

1 靴ひもを1回結びます。このとき、結び目がゆるまないように気を付けます

2 右の指で結び目を押さえながら、左のひもでループをつくり、今度は左手の親指と人差し指でしっかり根本を押さえます

3 右のひもを、ループのまわりにまわして、左手の親指、人差し指に巻きつけ、残ったひもでループをつくり、先ほどの根本の小さい輪に通します

4 ループが2つ交差したら、それぞれのループの端を引っ張ります

PART 1 スーツを着る

机上箱結び

靴ひもをうまく結べない場合は、ひもグッズを作って練習します。132ページ参照。

椅子に座り、机上に箱を置きます。少し太めのひもを用意し、結んでいきます

9 革靴をはく

革靴のはき方

最初に、靴ひもをできるだけゆるめます。靴の口に、つま先を入れていきます。かかとが入らない場合、無理に押し込まず、靴べらを使います。靴べらを使うときは、つま先立ちが必要となります。

つま先から革靴に足を入れ、靴のかかとの部分に靴べらを当てます

靴べらを当てたまま、かかとを靴に入れます

つま先歩き

上手にはけない場合、つま先で歩いて、足首を鍛えましょう。

かかとを離して、つま先を使って歩きます。できるだけゆっくり歩くように意識します

第4章 就活に関連する動作を改善しよう

10 革靴で歩く

革靴歩行チェック

革靴ははきなれないと、ロボットのようにぎこちない歩行になり、疲れやすくなります。革靴とかかとに隙間が空いていないか確認します。

もし空いていれば、かかとをとんとんしてフィットさせます

カバンが足の前面について歩く時にぶつかります

背すじが曲がり、骨盤が後傾しています

腰を起こし、背すじを伸ばします。顎を引き前方を見ます。カバンを持つ手は肩に力が入りすぎないようにします

手組後ろ体操

腕がうまく後ろで動かせない場合は、この体操がおすすめです。

両手を後ろの背中側で組みます。両手はお尻につけます。次に両手を組んだままお尻から離します。5回程度繰り返します

PART 2

就活書類を作成する

文房具などの道具の操作がもたつくと、書類を汚したり、破損したり、何回もやり直しになったりして、気分的にも意欲が下がります。就活書類の、効率のよい作り方を身につけましょう。

就活書類作成時の動作を確認する

- 封筒や写真にのりを上手に塗れない
- 印鑑が上手に押せない
- カッターで証明写真をまっすぐ切れない
- はさみで証明写真などを上手に切れない
- 封筒・クリアファイルに書類を上手に入れられない
- 書類を上手に三つ折りなどに折れない

1 写真や切手をまっすぐに貼る

履歴書に証明写真を貼るときなど、写真や切手を片手で貼ると、枠からズレます。両手で対角を持って貼ります。

1 対角線上に、角を両手でつまみます

2 そのまま貼ります

第4章 就活に関連する動作を改善しよう

● 必要な力や動き

● **安定した座り**
はさみやカッターなどの刃物を使うときは特に、安定して座り続けなければ危険です。

● **腕を保持する力、手首の動き**
はさみを使うときは、机から浮かして保持し、手首を使って操作します。

● **見る力**
線に沿ってはさみで切るときは、見る力が必要になります。

2 封筒や写真にのりを塗る

封筒の封のやり方

スティックのりは、付いているかが視覚的にわかるようにした色つきタイプもあります。セロハンテープやホチキスを使って封筒に封をするのは厳禁です。

下に不要な紙などを敷いて、机が汚れるのを防ぎます

やり方

1. 封筒に必要な書類を入れる
2. スティックのりを3本の指で持つ
3. 左手をL字にして封筒をおさえる
4. フラップの裏面外枠からをのりをつける
5. のりを2回塗る
6. フラップを閉じておさえる

写真ののりづけのやり方

証明写真はのりで貼り付けます。セロハンテープやホチキスで貼るのは厳禁です。

1 角を指で押さえます

2 中から塗らず、端から塗りましょう

3 印鑑を押す

朱肉のつけ方

どっぷりつけすぎてしまうと、にじみ、やり直しになります。しっかりと朱肉をつけて、色がかすれたり、斜めになることがないように注意しましょう。認め印など、きちんとした印鑑を使います。

ケースの端にぶつけると、印鑑が欠けて破損の原因になります

土手押し、接地押し

履歴書に印鑑欄がある場合は、押印しましょう。まっすぐになるように印鑑を押します。

小指側（土手）を紙にしっかり接地させます。手を固定してから、印を押しましょう

ミニスタンプ押し

小さいスタンプを紙に押して、印鑑に加える力加減を確認します

感触を確かめながら練習してみましょう。左右どちらかに傾けて押すのはやめましょう。

第4章 就活に関連する動作を改善しよう

④ はさみで切る

証明写真などは、複数枚セットになっています。履歴書に貼るときは、はさみなどで1枚だけ切りとります。

手首を曲げたまま切ると安定せず、まっすぐ切れません

はさみを持つ手の手首が下がらないように、しっかり保持します

⑤ ゼムクリップで書類を留める

送付する書類が複数枚ある場合は、ゼムクリップで留めて封筒に入れます。

書類を持つ手の親指で紙を押さえます。もう一方の手で、図のようにクリップを持ちます

左手の親指の近くにクリップをあて、隙間をあけて最後までしっかり挟み込みます

⑥ ホチキスで書類を留める

ホチキスで留めるとき、基本的に左上で斜めに留めます。利き手で行うことをすすめます。ホチキスは利き手で操作し、もう一方の手で紙を押さえます。書類の上下を逆さまにするとやりやすいです。

書類の左上をホチキスで留めます

7 カッターで写真などを切る

カッターマットを用意します。姿勢を正しくします。刃が乗り上げないように、刃は長くしないように気をつけましょう。
刃を折るときは、下の方に向けて、刃が顔に飛んでこないように注意します。折った刃は必ず安全に処理しましょう。

左手で定規をしっかり押さえます。定規をあてる場合、目盛りがないほうを使います

定規の端のほうを押さえると、カッターを当てるうちにずれてしまいます

カッターは、鉛筆と同様に持ちましょう

8 封筒に書類を入れる

封筒入れチェック

応募書類は大きめの白または薄茶色の封筒（角2型）に折らずに入れます。封筒は書類を入れる前に折ります。

この状態だと、書類の表が封筒の裏になってしまいます

書類は、封筒に直接入れずに、一度、机で書類を上下にそろえます。書類の表側を上にして入れます

書類の向きが逆さまにならないように注意します。封筒の表と中身の表を同じ向きにして入れるのがマナーです

クリアファイル入れ

書類を透明のクリアファイルに収めてから入れるか、ゼムクリップで留めておくと、書類がバラバラにならず取り扱いやすくなります。新品で透明なものを使うのが基本です。

半円形の切り口（ファイルが開きやすいように切られている部分）がついているほうを上（表）側にして、切り口が右側にくるようにして書類を入れます

応募書類は、添え状、履歴書、職務経歴書、その他の書類の順にクリアファイルに挟み、封筒に入れます

⑨ 封筒や書類をきれいに折る

封筒は、のりづけする前に折りましょう。履歴書は、証明写真が内側にくるように折りましょう。

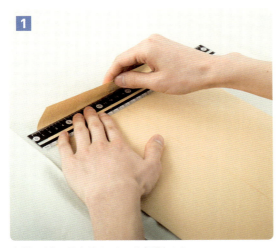

1

定規で折り目を入れるのも便利です

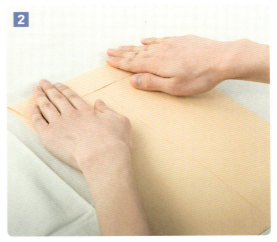

2

折ったあとは、両手でしっかり押さえます

PART
3
就活で文字を書く

筆記試験は、就職活動の第一関門です。試験員が読みにくい文字では、失点につながったり、悪い印象を持たれたりしてしまいます。最初のステップで失敗しないように、早くきれいに書くコツを身につけましょう。

就職活動での文字の書き方を確認しよう

- ■ 添え状、エントリーシートを書くのが上手にできない
- ■ 封筒に上手に宛先や宛名を書けない
- ■ 手帳にメモをとることが上手にできない
- ■ 小論文試験で早く文字を書けない
- ■ 小論文試験で文字を書くとき、マスからはみでる
- ■ マークシートを上手に塗りつぶせない

1 書類の添え状を書く

添え状は、送付状やカバーレターとも呼ばれますが、いわば挨拶状のようなものです。いきなり書類だけを送りつけるのは失礼ですので、マナーとして添えます。応募書類というよりもビジネス文書に分類されます。パソコンで作成しても構いません。宛先や、送付内容などをわかりやすく相手に伝える役割があります。

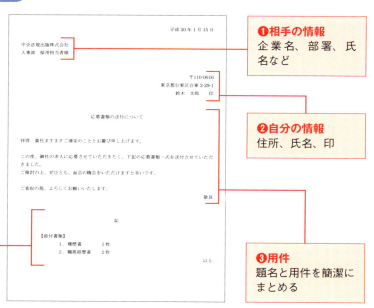

❶相手の情報
企業名、部署、氏名など

❷自分の情報
住所、氏名、印

❸用件
題名と用件を簡潔にまとめる

❹記書き
用件の本文に「下記の」とあるときは「記」と「以上」を使い、内容を伝える

第4章 就活に関連する動作を改善しよう

必要な力や動き

● **見る力**
行や枠から文字がはみ出ないように、記入欄全体を見てから、文字の大きさを決めます。

● **バランス感覚**
試験は座って行います。集中して座り続けるためには、バランス感覚が必要です。

● **両手の操作**
片手で紙などを押さえ、もう一方の手で筆記用具を操作します。

2 履歴書を書く

履歴書は手書き、職務経歴書はパソコンで作成します。記入内容の分量・バランスに気をつけましょう。

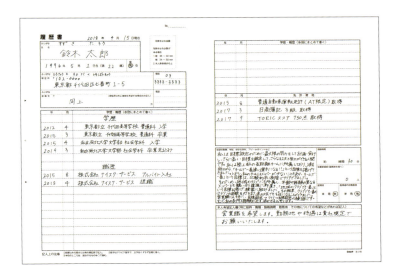

3 はがきを書く

無地のはがきを使って縦書きで書きます。

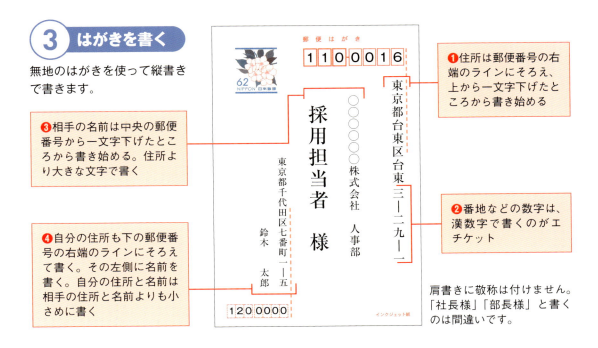

❶ 住所は郵便番号の右端のラインにそろえ、上から一文字下げたところから書き始める

❷ 番地などの数字は、漢数字で書くのがエチケット

❸ 相手の名前は中央の郵便番号から一文字下げたところから書き始める。住所より大きな文字で書く

❹ 自分の住所も下の郵便番号の右端のラインにそろえて書く。その左側に名前を書く。自分の住所と名前は相手の住所と名前よりも小さめに書く

肩書きに敬称は付けません。「社長様」「部長様」と書くのは間違いです。

4 封筒に必要事項を書く

ペンは、水性でなく、油性のペンで書きます。赤字で「応募書類在中」と書きます。封筒は、ポストに投函するのではなく、郵便局の窓口から発送します。角形2号のような大きな封筒の場合は、差し出し人の住所、氏名両方を左側に書いたほうがすっきりとまとまります。

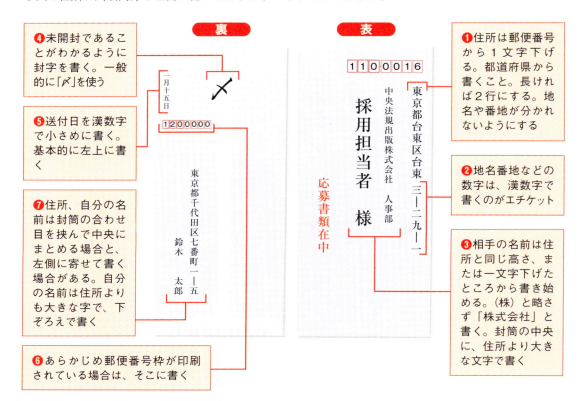

❶住所は郵便番号から1文字下げる。都道府県から書くこと。長ければ2行にする。地名や番地が分かれないようにする

❷地名番地などの数字は、漢数字で書くのがエチケット

❸相手の名前は住所と同じ高さ、または一文字下げたところから書き始める。（株）と略さず「株式会社」と書く。封筒の中央に、住所より大きな文字で書く

❹未開封であることがわかるように封字を書く。一般的に「〆」を使う

❺送付日を漢数字で小さめに書く。基本的に左上に書く

❻あらかじめ郵便番号枠が印刷されている場合は、そこに書く

❼住所、自分の名前は封筒の合わせ目を挟んで中央にまとめる場合と、左側に寄せて書く場合がある。自分の名前は住所よりも大きな字で、下ぞろえで書く

5 サインペンで書く

封筒の宛名は油性のサインペンで書きましょう。

文字を書き終わってもペン先を封筒から離さないと、インクがにじんでしまいます

ペン先の面を紙の面に合わせて文字を書きます。書き終わったら、ペンの芯を紙から離します

第4章 就活に関連する動作を改善しよう

6 メモをとる

メモをとるときは、ペンを持つ手を固定すると、安定して書くことができます。

メモ帳から手を離すと安定せず、力強くきれいな文字が書けません

わきをしめ、手をメモ帳につけて書きます

7 小論文で文字を早く書く

筆記用具を持つ手は、手だけでなく腕も安定させなければなりません。

ひじが机から外れると、効率よく書けません。そういうときは、用紙を机の上方にセットしなおすとよいでしょう

ひじを机の上にのせて文字を書くと安定します

8 小論文を書く

小論文でマスに収まるように書く

筆記試験などでは、決められた枠内に書くケースはたくさんあります。

枠をはみだして書いてしまっています

具体的な方法は、51ページを参照

クルクル縦書き

文字をまっすぐ書けないと、枠からはみ出してしまいます。まっすぐ文字を書く練習をします。

紙に10個の丸を均等に書く練習をしましょう（50ページ❹参照）

第4章 就活に関連する動作を改善しよう

消しゴムできれいに字を消す

書き間違えたら、消しゴムできれいに消しましょう。文字が残っていると、試験官が正しく採点しにくくなります。

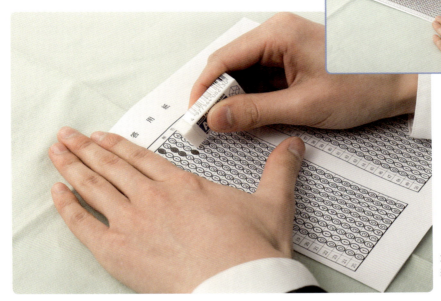

紙の端を軽く押さえるだけだと、きれいに消せません

左手をL字にして用紙をしっかり押さえてから消します

マークシートをきれいに塗る

マークシートの解答欄は外枠から塗ります。できたら、内側を塗っていきましょう。

薄かったり、マーク内を完全に塗りつぶしていなかったりすると、正解であっても得点にカウントされない可能性があります

具体的な方法は、49ページを参照

PART 4
面接試験を受ける

就職活動の面接試験では、面接官に自分のよさを知ってもらえるようにしなければなりません。緊張をせずに最大限に力を発揮できるように、上手なふるまい方や話し方を十分に身につけましょう。

面接試験時の動作を確認しよう

- ■ 入室の際、ノックが上手にできない
- ■ おじぎが上手にできない
- ■ 面接中、背筋を伸ばして座ることができない
- ■ 入退室の際、歩き方がぎこちない
- ■ 面接中、声が小さく聞き取れない
- ■ 面接中、肩や手に力が入りすぎる

1 ドアをノックする

ノックの仕方

面接試験は、ノックから始まります。ノックは手首で音を調整します。ドアを叩く位置は、胸の高さが目安です。

手のひらやにぎりこぶしで叩いてはいけません

手の甲の部分でドアを叩きます。手首を使って3回叩きましょう

第4章 就活に関連する動作を改善しよう

● 必要な力や動き

●首の動きと眼球運動の働き
面接試験では、相手の顔を見て話します。目線だけではなく、顔と体も相手に向けます。

●バランス感覚
歩くときや名前を名乗るときは、猫背ではなく、背すじを伸ばしてまっすぐ立ちます。

●体幹の動き
おじぎをするためには、体幹の動きが必要です。

雑誌でノック

ドアを叩く加減を身につける練習法です。

厚めの雑誌を、手首を使ってノックします

2 歩く

面接室のドアを閉めて、椅子のある場所に方向転換するので、バランスが求められます。腕は大きく振る必要はありません。

肩の力は抜き、腕は大きく振らず、かかとから着地させるように歩きます

PART 4　面接試験を受ける

3　おじぎのトレーニング

壁おじぎ

腰から曲げておじぎするやり方が身につきます。

壁に背中をつけて立ちます

体を前に倒し、おじぎして、もとに戻ります

本おじぎ

おじぎの角度や顔の角度を把握するための練習です。

サポート役が本を持ち、おじぎしたときに、おでこに顔と本が近づくようにします

教員・保護者へサポートのコツ

体幹の傾け方が口頭で言っても分からないときは、胸部と背部の腰上に手をあて、傾けていきます。このとき首が曲がりすぎないように確認します。また、腰が後傾しすぎてお尻が出っ張らないように気をつけます。できたら、一人で行います

腰が後傾し、膝が曲がり、お尻が後方に出っ張っています。顎が上がっています

第4章 就活に関連する動作を改善しよう

4 椅子に座る

椅子のところまで来たら、正面を向いたままスマートに着席すると、印象もよくなります。

1

面接官に向かって、椅子の右側に立ちます

2

椅子の前で足の位置を確認します

3

上体を起こしたまま、深く座ります

骨盤が後傾して猫背になっています

足を前に放り出しています

足を座面の下に入れて、つま先立ちになっています

上半身が傾いてしまっています

127

PART 4 面接試験を受ける

> **教員・保護者へ サポートのコツ**
>
> サポート役の片方の手は、背中の真ん中に当てます。骨盤が後傾していないかチェックします。骨盤が後傾して猫背になってしまう場合は、サポート役が骨盤の正しい位置にセットしなおしてあげましょう。もう一方の手の位置は鎖骨のあたりに当てます

5 椅子から立つ

椅子から立ち上がるときも注意が必要です。立つときは、猫背で前かがみにならないように、上体を起こしたまま立ちます。

1

正しい姿勢で座った状態です

2

椅子を押さえて腰をあげます

3

背すじをまっすぐに保ったまま、立ち上がります

第4章 就活に関連する動作を改善しよう

6 姿勢を安定させる

椅子に正しく座っても、話していると体が動いてしまうことがあります。無意識に動いていないか、確認しましょう。

話をするときに体が不用意に動いていないか、確認します

手は膝の上に置きます

7 はっきりとした声で話す

ウニ発声

滑舌よくはっきり聞こえるようにするための練習法です。

「ウ」は唇を大げさに前方に突き出します

「ニ」は左右の口角をしっかり引きます

寝て発声

面接では、声がはっきり聞こえるように話さなければなりません。お腹から声を出す練習をします。

仰向けに寝ます。おなかに両手をあてます。大きく深呼吸して、「あー」と長く発声させます。「あいうえお」や「○○○と申します。本日はよろしくお願い致します」などと発声して音量を確認してみましょう

8 書類を相手に渡す

面接官に書類を渡すときは、誰でも緊張するものです。相手の目を見て、はっきり挨拶をしましょう。

椅子の横に立ち面接官に向かい「本日はお忙しい中、貴重な時間をいただき、ありがとうございます」、「○○○と申します。本日はよろしくお願いいたします」などと挨拶をします。普段より少し大きめに声を出すように心がけましょう

封筒は、相手の肩より上ではなく、胸くらいの位置を目安にして渡しましょう

第4章 就活に関連する動作を改善しよう

9 体に力を入れすぎないようにする

面接試験の部屋に入る前に、緊張をほぐしておきます。

できるだけ肩に力を入れ続けます。一気に抜きましょう。肩周辺の筋肉の脱力ができます

10 相手と目線を合わせる

面接官と話をするときは、相手の目を見て話します。これは、瞬時に相手の目を見る練習です。

2人で、正面を向いて並びます

一方が「ドン」と声を出したら、向かい合って5秒間、相手の目を見続けます

蝶々結びのやり方

「蝶々結び」は、靴ひもを結ぶときに必要になります。イラストを参照して、結べるようにしておきましょう。

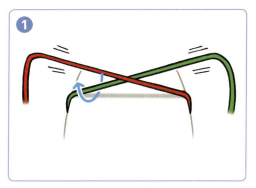

ひもを交差させて「×」の形にします

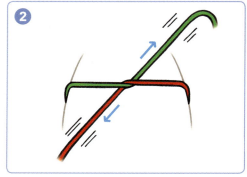

赤いひもを緑のひもの下にくぐらせます

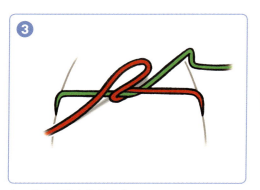

赤いひもで輪を作ります

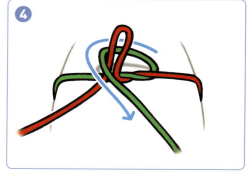

赤いひもの輪に、緑のひもで輪をかけます

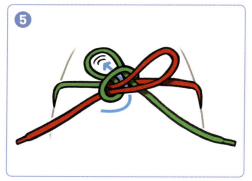

緑の輪に、赤い輪の下から同じ緑のひもを通して、輪を作ります

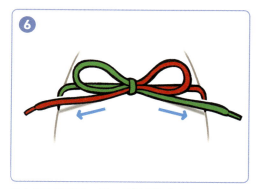

ひもの両端を引っ張って形を整えます

感覚とは？

　感覚という言葉からは、通常、視覚、聴覚、味覚、嗅覚、触覚という、いわゆる五感を連想する人が多いと思います。私たちの体の中には、こうした感覚をキャッチする感覚器が多く存在します。

　具体的には、視覚は目という感覚器でキャッチします。聴覚は耳、嗅覚は鼻、味覚は舌でキャッチします。触覚は物などが皮膚に触れたかどうかを感知する感覚であり皮膚の表面に感覚器が存在します。

　その他にも、固有受容覚、前庭覚という感覚があります。固有受容覚は、筋肉・関節の中に感覚器が存在し、関節の動き、力の加減を感知します。前庭覚は、耳の鼓膜の奥に感覚器（三半規管）が存在し、体の傾き、スピードの変化を感知する感覚です。触覚、固有受容覚、前庭覚は特に動きや行動に大きな影響を与えます。

　私たちが何かをするときには、こうした感覚が大きな役割を担っています。体や手指の動きを改善するときには、「動き」だけを見るのではなく、「感覚」にも目を向けましょう。

椅子に座るときの感覚器官

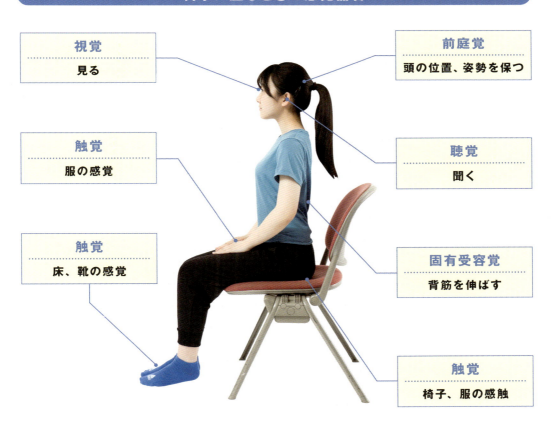

おわりに

最後まで読んでいただき、ありがとうございます。

　どんなに優れた記憶力、豊富な知識があっても、疲れやすい、姿勢が悪い、指先が不器用など、体の使い方の問題があると、学校生活や就職活動、そして働くことに向けて、十分に力を発揮することができません。体の使い方を一から学べる機会はなかなかありませんが、体を賢くすることも重要なのです。本書を読むことで、トレーニングに取り組むきっかけができたり、効率のよい体の使い方のコツがわかったりして、お役に立てれば嬉しいです。これからの学校生活や職業生活につなげていってほしいと切に願います。

　先生・保護者のみなさんには、各パートで「サポートのコツ」を設けています。口頭での説明だけでなく、身体介助の方法を示しています。指導していくなかで、最初はできないことが多いものです。そんなとき、「違う！まだできていない」ではなく「こうしてみたらどう？」と提案して関わってください。各パートの写真に示したやり方は、一つの方法です。これが絶対ではありませんので、写真を参考に一緒によい方法を見つけ、取り組んでください。

　今回この本を作成するにあたり、大学の学生さんにも率直な意見をたくさんいただきました。そのエッセンスも活かされるよう、写真も豊富に入れて解説しました。大人目線ではなく、高校生・大学生のみなさんが、使ってみたいと思うような本にすべく、編集に携わってくれたメンバーとも、何度も議論を重ねて練りあげていきました。皆様のお力や、励ましがなければ、ここまで完成させることはできませんでした。この場をお借りしまして皆様に感謝申し上げます。

笹田 哲

<著者>

笹田 哲
(ささだ・さとし)

神奈川県立保健福祉大学リハビリテーション学科作業療法学専攻教授。作業療法士。博士（保健学）。明治学院大学大学院文学研究科心理学専攻修了（特別支援教育を専攻）。修士（心理学）。作業療法と学校・園の連携を研究テーマとし、これまで学校・園を数多く訪問して、実際に発達が気になる子どもたちの支援に取り組んできた。NHK特別支援教育番組の企画協力、横須賀市支援教育推進委員会委員長も務める。著書に『気になる子どものできた!が増える 体の動き指導アラカルト』『同　３・４・５歳の体・手先の動き指導アラカルト』『同　書字指導アラカルト』『同　書字ワーク１〜３』『発達障害領域の作業療法（共著）』（以上、中央法規出版）、『「かしこい体」のつくり方』『学校での作業療法』（以上、山洋社）等がある。

スタッフ

編集・制作
株式会社ナイスク(http://naisg.com)
松尾里央
石川守延
吉見　涼
鈴木里菜
益田良子

モデル
音瑠（SOS モデルエージェンシー）
近藤基樹（SOS モデルエージェンシー）
大宮龍之介（K'sスペシャルニーズ エンターテイメント）

撮影
中川文作

撮影協力
株式会社ライフコーポレーション

カバーデザイン
工藤政太郎

本文デザイン
工藤政太郎

本文イラスト
丸口洋平

発達障害のある高校生・大学生のための
上手な体・手指の使い方

2018年3月20日　初版発行
2019年9月 1日　初版第2刷発行

著　者	笹田 哲
発行者	荘村明彦
発行所	中央法規出版株式会社
	〒110-0016　東京都台東区台東3-29-1　中央法規ビル
営　業	TEL　03-3834-5817　FAX　03-3837-8037
書店窓口	TEL　03-3834-5815　FAX　03-3837-8035
編　集	TEL　03-3834-5812　FAX　03-3837-8032
	https://www.chuohoki.co.jp/
印刷・製本	株式会社ルナテック

定価はカバーに表示してあります。
ISBN978-4-8058-5648-2

本書のコピー、スキャン、デジタル化等の無断複製は、著作権法上での例外を除き禁じられています。また、本書を代行業者等の第三者に依頼してコピー、スキャン、デジタル化することは、たとえ個人や家庭内での利用であっても著作権法違反です。
落丁本・乱丁本はお取り替えいたします。